Joachim Zwingelberg

SO GEHT'S: GESCHICHTEN ERZÄHLEN

neukirchener
aussaat

MIX
Papier aus verantwortungsvollen Quellen
FSC® C023842

Dieses Buch wurde auf FSC®-zertifiziertem Papier gedruckt. FSC® (Forest Stewardship Council) ist eine nichtstaatliche, gemeinnützige Organisation, die sich für eine ökologische und sozialverantwortliche Nutzung der Wälder unserer Erde einsetzt.

Bibliografische Information der Deutschen Nationalbibliothek

Die Deutsche Nationalbibliothek verzeichnet diese Publikation in der Deutschen Nationalbibliografie; detaillierte bibliografische Daten sind im Internet über http://dnb.d-nb.de abrufbar.

Umschlaggestaltung: Andreas Sonnhüter, Düsseldorf,
unter Verwendung eines Bildes von ijsendoorn/istockphoto.com
Lektorat: Simon Schild, Krefeld
DTP: Andreas Sonnhüter, Düsseldorf
Verwendete Schriften: Sabon, DIN Rounded
Gesamtherstellung: Bercker Graphischer Betrieb, Kevelaer
Printed in Germany
ISBN 978-3-7615-5926-0
www.neukirchener-verlage.de

INHALT

EINLEITUNG

In einem Konfirmanden-Camp saß ich mit einem Pfarrer beim Mittagessen und wir haben uns über die Geschichte unterhalten, die ich in der Storytime vor dem Essen erzählt hatte. Er war schon lange Pfarrer und sagte: „Seit drei Jahren erzähle ich nur noch Geschichten. Alles andere können sich die Leute eh nicht merken". Ich musste ein bisschen lächeln, denn mit dieser Pauschalisierung hatte er genau das ausgesprochen, was sich sonst niemand zu sagen traut. Ich sagte: „Ja, aber wenn man in einer Predigt nur eine Geschichte erzählt, dann haben die Zuhörer das Gefühl, sie wären zwar gut unterhalten worden aber hätten nichts gelernt."
Jetzt musste er lachen: „Ich habe letztens die Geschichte vom Verlorenen Sohn erzählt. Nach der Predigt kamen dann einige aus der Gemeinde zu mir, haben mich gelobt für die gute Geschichte, mich aber dann gefragt, warum ich nicht dieses und jenes noch gesagt hätte. Ich wäre ja schon fast an dem Punkt gewesen. Es hat nur gefehlt, dass ich es gesagt hätte. Er legte sein Besteck weg und baute sich etwas auf. Er sprach weiter: „Dann habe ich gesagt: ‚Wenn ihr das alles aus meiner Predigt heraus gehört habt, dann habe ich ja alles richtig gemacht!'"

Geschichten stellen Fragen, ohne plumpe Antworten zu geben, und geben gleichzeitig doch die Antwort. In diesem Buch geht es darum, Geschichten so zu erzählen, dass der Zuhörer, ob groß oder klein, auf eine Entdeckungsreise auf der Leinwand seiner Fantasie gehen kann – und dabei Antworten auf Lebensfragen findet, von denen er gar nicht wusste, dass er sie gesucht hat. Als Grundlage nehme ich dafür biblische Geschichten.

Denn die Bibel liefert den nötigen Stoff, der in jede Lebenssituation sprechen kann. Sie erzählt Geschichten, die zutiefst menschlich sind und dennoch den Horizont erweitern. Anhand dieser alten, über Jahrtausende tradierten Geschichten können Sie lernen, was es bedeutet, selber ein Geschichtenerzähler zu sein.

Auf den nächsten Seiten scheint nun eine schier endlose Liste an notwendigen Vorbereitungen auf den Geschichtenerzähler einzuprasseln. Ich selbst verstehe dieses Buch als eine Art Werkzeugschrank, der in unterschiedlichen Situationen das richtige Werkzeug bereithält. Ich kenne niemanden, einschließlich mir selbst, der in jeder Vorbereitung alle diese Schritte anwendet und jeden dieser Gedanken denkt. Dennoch habe ich alle schon angewandt und mir so manches Mal damit ein kreatives Loch zu füllen gewusst.
Am Ende kann auch dieses Buch nicht die Geschichte erzählen, die Sie erzählen wollen. Es bleibt ein Werkzeug, das von einem Handwerksmeister bedient werden will. Dieser Meister sind Sie! Sie erleben und erzählen tagein, tagaus Geschichten. Warum also sollte Ihnen das mit einer Geschichte, auf die Sie sich auch noch vorbereiten, nicht gelingen? Ob biblische Geschichten oder die Präsentation auf der Arbeitsstelle - Sie haben ein paar Fakten, schmücken diese aus und das ruft eine Reaktion hervor. Ja, so einfach ist es!
Vielleicht erzählen Sie schon lange Geschichten und brauchen nur einiges aus diesem Buch, um sich neu inspirieren zu lassen. Vielleicht interessiert sie nur die Theorie hinter dem, was Sie automatisch tun. Vielleicht ist auch alles in diesem Buch Neuland für Sie. Machen Sie es wie überall im Leben: Prüfen Sie alles und behalten Sie das Gute!

KAPITEL 1
GRUNDSÄTZLICHES ZUM GESCHICHTEN ERZÄHLEN

1.1 Die Leinwand der Fantasie

Als Geschichtenerzähler verstehe ich mich als Künstler und nicht so sehr als jemand, der Wissen vermittelt. Dabei male ich Bilder mit meiner Stimme auf die größte mir zur Verfügung stehende Leinwand: die Fantasie meiner Zuhörer. Das größte Kompliment, das ich jemals fürs Erzählen bekommen habe, war der Moment, in dem sich ein Mädchen an einer spannenden Stelle die Augen zugehalten hat. Hätte es sich die Ohren zugehalten, wären die Bilder verschwunden. Aber die Bilder waren da und „wenn ich etwas sehe, dann ist wohl das Auge schuld“, so dachte sie.
Ein deutscher Märchenerzähler nennt es „Lauschpalast“, wenn Geschichten erzählt werden und sein Programm „Kino für die Ohren“. Das sind meiner Meinung nach die treffendsten Beschreibungen für das, was beim Geschichtenerzählen passiert.
Erzählte Geschichten sind die größten Formen der Wertschätzung für einen Zuhörer. Sie fördern die Fantasie, Konzentration und Zuhörfähigkeit und damit auch die Sozialkompetenz.

1.2 Wo uns Geschichten begegnen und was sie bewirken

Unser ganzes Leben besteht aus vielen kleinen Geschichten, die zusammengepuzzelt eine große Geschichte ergeben. Diese vielen Geschichten sind mit den Geschichten Anderer verzahnt und so spielt jeder Mensch auch in den Geschichten Anderer eine Rolle. Gleichzeitig lernen Menschen aus den Geschichten Anderer und nun spielt vielleicht sogar eine völlig fremde Geschichte eine Rolle in der eigenen Geschichte. Nur wer seine Geschichte kennt, kennt sich selbst und seine Umgebung. Aus diesem Grund lernen Kinder in der Schule Geschichte und beschäftigen sich beispielsweise mit dem Zweiten Weltkrieg. Hier klärt Geschichte nicht nur über das eigene Erbe auf, sondern ist auch Prävention. In kaum einem Land der Welt ist es so schwer, Menschen von einer Ideologie zu überzeugen wie in Deutschland. Wir haben aus unserer Geschichte gelernt.

Dasselbe Phänomen hat Fabeln und Märchen zugrunde gelegen, als sie geschrieben wurden. „Kind, geh nicht alleine in den Wald“ ist etwas, das man wohl aus dem Märchen vom Rotkäppchen lernen kann. Und „wenn du Falten im Gesicht bekommst, dann brauchst du eine Creme die dir hilft“, lernen wir aus der Werbung. Piratennahrung ist Toffifee und wenn es mal wieder länger dauert, kaufe ich mir ein Snickers obwohl ich mir sonst nie eins kaufe. Im Marketing heißt Geschichtenerzählen auf Neudeutsch „Storytelling“ und die beste Marketingstrategie hat derjenige, der in wenigen Bildern die beste Geschichte erzählt.

Die beste Geschichte fängt Sehnsüchte und Erfahrungen ein und verknüpft diese mit einer Lösungsmöglichkeit.

Das Hirn reproduziert diese Lösungsmöglichkeit, wenn sie in eine Situation passen könnte und somit erdet sich die Geschichte im Leben des Zuhörers.

1.3 Wer braucht Geschichten?

Vor Gericht gibt es die sogenannten „Präzedenzfälle". Ein Fall, der so ähnlich schon einmal da war. Daran orientiert sich die Rechtsprechung. Gibt es keinen Präzedenzfall, wird dieser Fall zu einem.
Genau so ist es mit allen Geschichten und Erfahrungen. Jeder Mensch greift bei den Entscheidungen über sein Handeln auf seinen oder einen fremden Erfahrungsschatz zurück. Dafür durchkramt er seine Erinnerung nach Geschichten, welche er entweder erlebt oder aber gehört hat, die ihm weiterhelfen können. Findet sich nichts Brauchbares, wird er beim nächsten Mal auf den aktuellen Erfahrungsschatz zurückgreifen können und diesen möglicherweise auch anderen zur Verfügung stellen.

1.4 Geschichten in der Bibel

Die Bibel ist die große Geschichte Gottes mit den Menschen. Gefüllt ist sie mit vielen kleinen Geschichten, die zusammengepuzzelt eine große ergeben. Soweit heruntergebrochen ist die Bibel genauso aufgebaut wie die Geschichte eines Menschen. Wir können aus den Geschichten der Bibel lernen, wenn sie den Geschichten unserer Erfahrungswelt ähneln. Sind die Geschichten nicht so aufgearbeitet, dass sie mit dem Erfahrungswissen kompatibel sind, stauen sie sich als Wissen in uns an,

kommen aber vielleicht niemals zum Einsatz. Verstehe ich beispielsweise nicht, dass die Ausweglosigkeit des Verlorenen Sohnes Schnittmengen mit meiner Ausweglosigkeit in vielen Situationen hat, wird dieser Teil der Geschichte als eine Art Fachwissen, nicht aber als Erfahrungswissen in meinem Kopf abgespeichert werden.
Jesus hat es verstanden, Gleichnisse in die Situation seiner Zuhörer hinein zu erzählen. Oft hat er die Leute dann mit der Geschichte stehen lassen und diese konnte in ihnen „gären". Auch die Geschichten im Alten Testament haben etwas mit der Erfahrungswelt der Menschen im Neuen Testament zu tun. Im Neuen Testament werden sie oft zitiert. So können wir lernen, wie wir mit den Geschichten dort umgehen können. Und da die großen Themen der Bibel auch heute noch jeden Tag im Leben eines Menschen eine Rolle spielen, müsste man eigentlich sagen, dass die Bibel jeden Tag mit unseren Geschichten weitergeschrieben wird. Mit Versagen, Egoismus, Suchen nach Gott, guten und schlechten Momenten und Vergebung, Gnade und Begegnungen mit Menschen und Gott. Die Bibel ist also ein Buch voller Präzedenzfälle. Jede Geschichte kann uns als Entscheidungsgrundlage helfen.

1.5 Auslegung von Geschichten

Ursprünglich sind die Geschichten der Bibel mündlich tradiert, also erzählt worden. Irgendwann wurden sie aufgeschrieben, damit sie einer breiteren Masse zugänglich gemacht werden können und damit sie erhalten bleiben. Die Praxis heute sieht oft so aus, dass Geschichten nicht erzählt sondern erklärt werden. Diese Vorgehens-

weise passt sehr zu unserem aufgeklärten, kognitiven Denken. Bleiben wir bei dem Beispiel vom Verlorenen Sohn. Wir wissen, dass der Verlorene Sohn in einer ausweglosen Situation war. Wir haben diese Situation nicht nachgefühlt und auch nicht mit unserer Lebenswelt in Verbindung gebracht. Somit fehlt uns die Geschichte als Erfahrung. Um das Fachwissen aber dennoch nutzbar zu machen, brauche ich nun eine Auslegung.
Diese Auslegung erklärt mir den Zusammenhang der Situation des Sohnes mit meiner eigenen. Wenn ich mich nun verloren fühle und keinen Ausweg sehe, dann kann ich dieses Fachwissen abrufen und komme hoffentlich zu dem Ergebnis, wie der Verlorene Sohn den Schritt zu wagen und mich an den Vater zu wenden.
Eine erklärte Geschichte ist die kognitive Herangehensweise an einen Inhalt. Das Ergebnis sollte bei richtiger Auslegung dasselbe sein wie bei der Verwertung meines Erfahrungswissens. Allerdings ist der Weg dorthin länger und benötigt auch mehr kognitive Fähigkeiten.

Ein Freund, der sich auch mit Geschichten beschäftigt, hat mir neulich eine lustige Veranschaulichung erzählt. Treffen sich zwei alte Freunde, die sich eine lange Zeit nicht gesehen haben, und erzählen die guten alten Geschichten. Nach einer Weile fragt einer: „Und was ist passiert, seit wir uns das letzte Mal gesehen haben?“ Der Andere beginnt von seinem Beruf und seiner Familie zu erzählen. Bereits nach zwei Minuten unterbricht ihn der Erste: „Okay soweit. Aber was kann ich aus dieser Geschichte lernen? Was hat das mit mir zu tun?“ Bitte? So etwas fragt man nicht. Hör doch erst mal zu! Auf den ersten Blick würden wir diesem Freund eine gewisse soziale Inkompetenz unterstellen. Aber die Art und Weise, biblische Geschichten auszulegen, ähnelt oftmals diesem Prinzip und wir müssen uns fragen, ob wir nicht genau diese soziale Inkompetenz, zumindest was biblische Geschichten angeht, uns selbst attestieren sollten.

1.6 Die ZIP-Bibel

Ich habe nicht viel Ahnung von Computern und daher weiß ich auch nicht genau, wie eine ZIP-Datei funktioniert. Aber was ich verstanden habe ist, dass dort Inhalte stark komprimiert werden, damit sie weniger Raum auf der Festplatte einnehmen. Der Vorteil ist, dass man sie viel leichter verschicken kann. Damit man die Datei dann aber lesen kann, braucht man ein Programm, das diese ZIP-Datei wieder entpackt. Hat man dieses Programm nicht, kann man die Datei auch nicht lesen.
Dasselbe Prinzip erkenne ich, wenn ich mir die Bibel ansehe. Dort stehen Geschichten, Abläufe und Handlungen in sehr stark komprimierter Form. Klar, denn wenn die Geschichten dort ausgeschmückt und in ganzer Fülle aufgeschrieben wären, wie man sie sich damals an einem Lagerfeuerabend erzählt hätte, dann wäre die Bibel ein sehr dickes Buch.
Unsere Aufgabe als Geschichtenerzähler ist es, die Fakten der Geschichten nicht zu verändern, aber das Drumherum mit Leben zu füllen. Es fehlen Farben, Gerüche, Emotionen, Hintergründe und die kleinen Nebengeschichten.
Niemand beneidet mich um meinen Urlaub, wenn ich nur erzähle, dass ich in Australien war. Wenn ich aber erzähle, dass ich in einer Hängematte zwischen zwei Kokospalmen den goldenen Sonnenuntergang genossen und den Kängurus beim Grasen zugesehen habe, dann gewinnt die Ge-

schichte Leben. Von nun an ist es egal, wer in Australien war, denn der Zuhörer wird die Person beneiden.

1.7 Wie kann ich erzählen

Es gibt keine Regel, die besagt, auf welche Weise eine Geschichte am besten funktioniert. Die Form ist ganz davon abhängig, welche dem Erzähler entgegenkommt und ihm liegt. Mich haben ganz unterschiedliche Menschen mit ihrem Erzählstil fasziniert. Einer meiner Mentoren ist eine wandelndes Ein-Mann-Theater. Andere sitzen auf einem Stuhl und schaffen es allein mit ihren Worten, die Zuhörer zu fesseln. Es gibt den Lyriker, der mit sehr präzisen Worten wenig umschreiben muss, den Schaukelstuhl-Opa oder den Vorlese-Typen. Man kann eine Außenperspektive einnehmen, in der Vergangenheit oder der Gegenwart erzählen, aktive Rede einbinden oder ganz aus der Ich-Perspektive erzählen. Wieder andere erzählen mit Hilfe von Gegenständen wie Handpuppen oder den guten alten Flanellbildern. Einige dieser Methoden werden im Verlauf dieses Buches genauer vorgestellt.

Wichtig ist, dass der Stil zum Erzähler passt. Authentizität ist hier das Schlagwort. Kann mein Zuhörer mir das abnehmen, was ich ihm erzähle? Dieses „Abnehmen“ hat zwei Seiten. Zum einen sollte sich der angesprochene Erzählstil mit dem Stil decken, in dem ich beispielsweise von meinem Urlaub erzähle (oder zumindest nicht völlig davon abweichen). Zum Anderen nimmt der Zuhörer wahr, ob die Geschichte mir selbst etwas bedeutet und auch zu mir spricht. Do you practice what you preach? Lebst du was du predigst? Zuhörer, gerade Kinder, haben

einen Riecher dafür, ob wir sie in ein Abenteuerland entführen, das mit der Realität nichts zu tun hat, oder sie mit auf eine Entdeckungsreise nehmen, die wir selbst gehen oder gegangen sind.
Das, was alle Methoden und Formen gemein haben, ist, dass sie die richtige Rezeptur benötigen.

1.8 Das Rezept für eine gute Geschichte

Eine gute Geschichte muss man sich vorstellen wie einen Kuchen. Damit dieser gelingt, sollte man sich genau an das Rezept halten, denn sonst erlebt man Überraschungen, die Form, Geschmack und Konsistenz beeinflussen können.
Die einfachsten drei Grundelemente einer jeden Geschichte sind Anfang, Hauptteil und Schluss. Daneben benötigen wir Verzierungen und Zutaten, die wir je nach Geschmack und Geschichte in das Rezept einarbeiten können.
Der Einstieg sollte den Zuhörer abholen und ins Geschehen mitnehmen. Der Hauptteil beschreibt die eigentliche Handlung und gipfelt im Höhepunkt der Geschichte. Am Höhepunkt ist der Zuhörer mit voller Spannung dabei. Danach entspannt sich die Situation und auch die Anspannung der Zuhörer weicht der Entspannung. Nun muss die Geschichte schnell zum Ende kommen, bevor die Aufmerksamkeit vom Zuhörer nicht mehr gehalten werden kann. Insgesamt sollte eine Geschichte nicht länger als 15–20 Minuten bei Kindern und nicht länger als 20–25 Minuten bei Erwachsenen dauern!

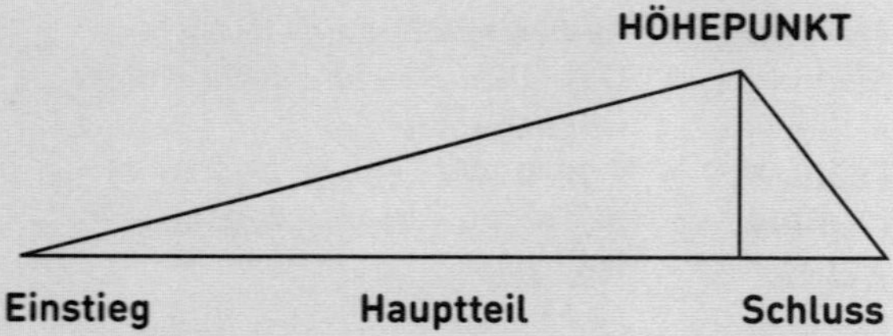

Auf die einzelnen Bestandteile wird im Verlauf dieses Buches noch genauer eingegangen.
Eine gute Geschichte besteht aber nicht nur aus dem reinen Ablauf. Um im Bild vom Rezept zu bleiben, haben wir bisher die Grundmasse, aus welcher wir nun unseren individuellen Kuchen formen können. Mögliche solcher Zutaten sind Detailbeschreibungen, Hintergründe und Nebengeschichten, direkte Rede oder Dialoge, bekannte Redewendungen, Spannung, Humor, Überraschung, etwas was den Zuhörer ärgert, freut oder das er kennt.
Nicht in jede Geschichte passt jede Zutat, aber ohne Zutaten hört sich die Geschichte so an, wie Kuchen ohne Zucker schmeckt!

Beispiel:
Der Wolf und die sieben Geißlein
Das Märchen ist für mich der Inbegriff einer guten Geschichte.

Einstieg	*Bekannte Formel (Es war einmal)*
Hintergründe	*Die Mutter mahnt auf Stimme und Pfote zu achten*

Handlung	*Immer neue Anläufe des Wolfes*
Spannung	*Das Unausweichliche kann nicht verhindert werden*
Dialoge	*z. B. Wolf-Geißlein*
Gefühle	*Angst, Wut, Trauer, Ohnmacht usw.*
Details	*Wanduhr*
Garnierung	*Der Erzähler über den Müller: „Ja, so sind die Menschen …"*
Schluss	

KAPITEL 2
NOTWENDIGE VORBEREITUNGEN

Für die Vorbereitung einer Geschichte sollte man mindestens die sechsfache Zeit der eigentlichen Geschichte veranschlagen. Das klingt lang und langweilig, ist man aber erst einmal eingetaucht, dann scheint die Zeit nur noch zu verfliegen. Auf den ersten Blick erscheint diese Vorbereitung oft überflüssig, denn z. B. der Verlorene Sohn ist vielleicht so hinlänglich bekannt, dass es für eine zehnminütige Erzählung aus dem Stegreif reicht. So geben wir der Geschichte allerdings keine Chance, uns selbst zu bewegen und damit nehmen wir dem Zuhörer etwas, das er uns wert sein sollte.

Geschichten sprechen direkt in das Erfahrungswissen der Zuhörer und gerade Kinder übernehmen sehr unkritisch das, was gesagt wird. Der Erzähler lädt also eine Verantwortung auf sich, deren er sich bewusst sein sollte.

Die Zunge des Erzählers hat eine große Macht. Wir können Angst schüren oder eine emotionale Massenbewegung erschaffen, falsche Eindrücke hinterlassen oder wichtige Dinge herunterspielen. Jakobus gibt uns in der Bibel einen Hinweis, wie wir vorgehen sollen (Jakobus Kapitel 1, Vers 19): „Ihr sollt wissen, meine lieben Brüder: Ein jeder Mensch sei schnell zum Hören, langsam zum Reden!“ Dieser Vers, in Verbindung mit der Macht der Zunge, gibt uns den Fahrplan vor: Erst einmal schnell zuhören, dann irgendwann langsam einmal reden! So werden wir unserer Verantwortung gerecht.

2.1 Einen Text richtig lesen!

Zuhören besteht bei biblischen Geschichten daraus, dass wir dem Bibeltext zuhören. Das heißt lesen.
Es gibt verschiedene Möglichkeiten einen Text gut zu lesen. Besonders wichtig sind solche Methoden bei Texten, die wir schon gut zu kennen glauben. Liest man einen Text beispielsweise einmal laut vor, entdeckt man oft sprachliche Knackpunkte, die sonst nicht so schnell ins Auge fallen, aber ins Ohr. Solche Stellen können dann unterstrichen werden. Gerade wenn verschiedene Übersetzungen gelesen werden, stößt man auf diese Stellen. Wichtige Hilfestellung kann man auch bekommen, wenn man sich das Drumherum einmal genauer ansieht und das Kapitel vorher und nachher liest. Das nennt man den Kontext, also das Umfeld der Geschichte, betrachten.

Interessant ist es oft, den Text zu gliedern und Zwischenüberschriften zu erfinden.

Beispiel:
Der Verlorene Sohn
Lukas 13,11–13 = Hochmut
Lukas 13,14–17 = Fall
Lukas 13,18–21 = Umkehr
Lukas 13,22–24 = Liebe
Den anderen Sohn vernachlässigen wir einmal für dieses Beispiel.

Diese Gliederung ist keine feststehende und auch die Worte sind austauschbar. Versuchen Sie sich doch einmal selbst an der Aufgabe. Finden Sie mindestens noch drei andere Möglichkeiten, die Geschichte zu gliedern und mit Überschriften oder kurzen Sätzen zu versehen.

Vielleicht kann es auch helfen, alle Substantive, Verben und Adjektive herauszuschreiben und diese hintereinander zu lesen.

Beispiel:
Bleiben wir beim Verlorenen Sohn
Substantive: Mensch, Söhne, Vater, Vater, Erbteil, Hab und Gut, Sohn, Land, Erbteil, Prassen, das Seine, Hungersnot, Land, Bürger, Landes, Acker, Säue, Bauch, Schoten, Säue, Tagelöhner, Vater, Brot, Fülle, Hunger, Vater, Vater, Himmel, Sohn, Tagelöhner, Vater, Vater, Hals, Sohn, Vater, Himmel, Sohn, Vater, Knechten, Gewand, Ring, Hand, Schuhe, Füße, Kalb, Sohn

Verben, Adjektive und andere Wortgruppen: Sprach, zwei, jüngere, sprach, gib, zusteht, teilte, unter sie, nicht lange danach, sammelte, jüngere, alles zusammen, zog, fernes, brachte durch, verbraucht, kam, große, fing an, darben, ging hin, hängte, schickte, hüten, begehrte, füllen, fraßen, niemand, gab, ging in sich, sprach, verderbe, aufmachen, gehen, sagen, gesündigt, hinfort, heiße, mache, deiner, machte, seinem, nicht weit entfernt, sah, sein, jammerte, lief, fiel, küsste, sprach, gesündigt, gegen, hinfort, wert, dein, heiße, sprach, bringt, schnell, beste, zieht an, gebt, seine,

seine, bringt, gemästete, schlachtet, lasst, essen, fröhlich, mein, tot, lebendig, verloren, gefunden, fingen an, fröhlich.

Wichtig ist, dass die Geschichte durch diese Methoden eine neue Dynamik entwickelt. Wenn das alles nur anstrengend erscheint, dann wird der Gewinn auch sehr minimal sein und man sollte lieber auf diese Form verzichten. Dennoch will ich Mut machen, es einmal ernsthaft auszuprobieren.
Die berühmten W-Fragen können ebenso eine Art Schlüssel zum Inhalt bieten: Wer? Wie? Was? Wieso? Weshalb? Warum? Wo? Wozu?
Ebenso interessant kann es sein, die Geschichte einmal kurz zusammenzufassen oder einfach nur Fragen oder Eindrücke untereinanderzuschreiben.
→ Warum will der jüngere Sohn weg?
→ Was denkt der Vater?
→ Wie viel ist alles teilen?
→ Ich will auch mal aus allem weg!

2.2 Innerbiblische Informationen

Neben dem direkten Kontext der Geschichte finden sich meist auch weitere Hinweise in der Bibel, die uns wichtige Informationen zu unserer Geschichte liefern können. Wollen wir beispielsweise beschreiben, wie die Jünger Jesu wohl auf ein Gleichnis reagiert haben, dann können wir anhand von anderen Bibelstellen versuchen, eine Typ-Beschreibung der Jünger zu erstellen. Simon der Zelot könnte ein Art Fundamentalist gewesen sein und wird anders reagieren als beispielsweise Matthäus, der vielleicht eher ein Art BWL-Student war. So wird den unterschiedlichen Zuhörern individuell der Zugang zur Geschichte erleichtert.

Tipp:
In vielen Bibeln stehen Vergleichsstellen an der Seite oder es gibt ein Namensregister im hinteren Teil. Dort findet sich meist auch eine Worterklärung mit Bibelstellen, in denen das Wort ebenfalls vorkommt. Etwas ausgeprägter findet sich dieser Teil in Studienbibeln. Eine Konkordanz kann ebenfalls sehr hilfreich sein. Hier kann man einzelne Wörter nachschlagen und findet nun alle Stellen in der Bibel, in denen sie vorkommen. Viel Arbeit erspart man sich mit Internetkonkordanzen wie z. B. www.bibelserver.com. Hier kann man nicht nur mit einem Klick ein Wort finden, sondern auch in Sekundenschnelle alle gängigen Übersetzungen miteinander vergleichen.

2.3 Wikipedia und Co.

Einen wichtigen Beitrag können auch Informationen bieten, die wir nicht direkt in der Bibel finden. Da bietet sich natürlich ein Bibel-Lexikon an. Da so etwas aber nicht jeder hat, kann das Internet mit seinen Suchportalen eine wichtige weitere Quelle werden. Gibt man beispielsweise bei Wikipedia „See Genezareth“ ein, so finden sich viele nützliche Informationen, die einer Geschichte Lebendigkeit verleihen können. Karten und Querschnitte von Israel und dem Mittelmeerraum erklären oft, was sich den Wandersleuten der damaligen Zeit für eine Landschaft eröffnet hat, wie lang sie unterwegs waren und mit welchen Unwegsamkeiten sie zu kämpfen hatten. Weiß man, dass der See Genezareth etwa 150 km von Jerusalem entfernt und 1000 m tiefer gelegen ist, so kann man in seiner Geschichte den einen oder anderen Jünger über die zurückgelegten Höhenmeter stöhnen lassen.

Tipp:
Nebeninformationen können über Bücher, Lexika und das Internet generiert werden. Für alle Nebeninformationen gilt, dass sie nicht exakt recherchiert werden müssen. Sie bilden das Beiwerk der Geschichte, machen sie lebendig und helfen, sie mit der eigenen Lebenswelt zu verknüpfen. Wichtig ist, dass die Fakten und die Aussagen der Hauptinformationen nicht verändert werden.

2.4 POZEK

Der sogenannte POZEK-Schlüssel bietet einen Rahmen, der die Vorgehensweise, aber auch die Sortierung der Informationen erleichtert. Es ist gleichsam ein Regal, um Informationen zu lagern. POZEK steht dabei für:
P = Personen
O = Ort
Z = Zeit
E = Ereignis
K = Kern

→ **Personen:** Welche Personen kommen vor? Was weiß ich über diese Personen? Wie verhalten sie sich in anderen Situationen? Wer ist beteiligt ohne explizit genannt zu werden? Usw.

→ **Ort:** Wo spielt die Geschichte? Wie sieht es dort aus? Wie kommt man dort hin und wieder weg? Wer hält sich dort für gewöhnlich auf? Usw.

→ **Zeit:** Zu welcher Uhrzeit findet das Erlebte statt? Welche geschichtlichen Umstände spielen eine Rolle? Was haben die Menschen in ihrer Vergangenheit erlebt? Welche Zukunft haben die Menschen zu erwarten?

→ **Ereignis:** Was ist eigentlich genau passiert? Welches ist der Haupthandlungsstrang?

→ **Kern:** Was konnten die Menschen (für die der Text geschrieben wurde) damals aus der Geschichte mitnehmen? Was können ich oder meine Zuhörer aus der Geschichte mitnehmen?

In diesen Kategorien (Personen, Ort, Zeit, Ereignis, Kern) kann nun alles festgehalten werden, was mir nach meinen Recherchen über die Geschichte zur Verfügung steht. Das Regal wird sozusagen mit den Backutensilien aufgefüllt. Aus diesem Regal kann ich mich nun bedienen, um meine Geschichte mit den richtigen Zutaten zu versorgen.

2.5 Fragen an den Text

Um die gewonnenen Informationen passend zusammenzustellen und auf die Zuhörerschaft anzupassen, müssen wir uns nun einige Fragen stellen. Mit den Ergebnissen kann es uns gelingen, die Geschichte im Leben der Zuhörer zu erden und sie direkt in ihren Erfahrungshorizont sprechen zu lassen.

→ Was hat der Zuhörer damals verstanden, als er die Geschichte gehört hat?
→ Wo wiederholt sich die Geschichte heute?
→ Was sagt die Geschichte mir persönlich?
→ Wo spielt die Geschichte für meine Zuhörer eine Rolle?

2.5.1 Was hat der Zuhörer damals verstanden?

Zu allererst sollten wir uns Gedanken machen, was wohl die Zuhörer der damaligen Zeit hörten und wie sie die Geschichte verstehen mussten. Oftmals stoßen wir so auf interessante Teile oder Inhalte der Geschichte, die uns allein durch die Betrachtung aus unserer Lebenswelt heraus nicht aufgefallen wären.

Beispiel: Elia

In Maleachi 3,23 (der vorletzte Vers im christlichen Alten Testament) steht, dass bevor der Tag des Herrn kommt erst Elia zurückkommen wird. Also warteten die Juden nicht nur auf den Messias, sondern erst einmal auf Elia. Bei jedem Passafest deckten sie einen Platz mehr ein, falls Elia dazu kommen würde. Sie füllten Wein in den Becher und legten Brot auf den

Teller. Wenn Jesus nun nach dem Passamahl dieses Brot und diesen Kelch nimmt und zum ersten Mal unser heute bekanntes Abendmahl feiert, dann müssen die Juden etwas ganz anders verstanden haben als wir, die wir ohne diese Tradition aufgewachsen sind. Sie verstehen, dass das Warten nun eine Ende hat. Eine Tradition wird umgedeutet.

Beispiel: Der verlorene Sohn
In unserer eher individualistischen Kultur leiden wir sehr mit dem Verlorenen Sohn und seinem Versagen. In der damaligen Kultur glich das vorzeitige Ausbezahlen-lassen des Erbteils aber einem Fürtot-erklären des Vaters. Die Schande liegt beim Vater. Er kann sich nur rehabilitieren, indem er seinen Sohn ebenfalls für tot erklärt und die Familienbande auflöst. Dass er das in dem Gleichnis nicht tat, macht ihn zum gesellschaftlichen Verlierer. Mit anderen Worten: das, was der Vater tut, ist für die Zuhörer nicht nachvollziehbar.

2.5.2 Wo wiederholt sich die Geschichte heute?

Die nun wichtige und unumgängliche Frage ist, wo sich diese Geschichte im Heute wiederholt. Hier kann unterschiedlich vorgegangen werden. Oft ist es gut, den Kern der Geschichte zu bestimmen und dann nach Vergleichbarem aus unserem Leben zu suchen. Manchmal erschließt sich aber der Kern auch erst, wenn die Geschichte auf verschiedene Lebensbeispiele angewandt wurde.

Manch eine Geschichte habe ich erst verstanden, nachdem ich sie mir einige Male erzählt hatte.

Beispiel: Elia

Was haben die Jünger wohl gedacht, als Jesus einfach so den Elia-Kelch genommen hat? Vielleicht: „Das kann der doch nicht wirklich machen!", „Dem ist auch nichts heilig!", „Hey, das ist doch Tradition!", „Na ja, aber Jesus ist mir wichtiger als Tradition." Auf einmal habe ich einen Aspekt in der Geschichte entdeckt, der mir vorher nicht bekannt war. Nun kann ich überlegen, welche Traditionen mir wohl so wichtig sind, dass sie auch Jesus nicht antasten darf.

Beispiel: Der verlorene Sohn

In unsere Kultur verstehen wir die Brisanz dessen, was der Vater im Gleichnis vom Verlorenen Sohn tut, nicht richtig oder zumindest nicht in ihrer ganzen Tragweite. Dann habe ich die Geschichte von Corrie ten Boom gelesen. Einer der Aufseher aus dem KZ, von dem sie gefoltert wurde und durch den ihre Schwester gestorben ist, steht vor ihr und bittet um Verzeihung. Alles in mir verkrampft sich. Ich spüre mit Corrie. Ich sehe vor meinem inneren Auge, wie ich diesen Mann so hart schlage, wie niemals ein Mensch einen anderen geschlagen hat. Ich bin fast enttäuscht, dass sie ihm vergibt. Aber es tut auch mir gut. Mein Körper entspannt sich wieder. Ich habe die Geschichte vom Verlorenen Sohn wieder einmal ein bisschen besser verstanden.

2.5.3 Was sagt die Geschichte mir persönlich?

Nach diesem Beispiel klingt die nächste Frage etwas überflüssig: Was hat die Geschichte mit mir zu tun? Dennoch will ich sie stellen, denn nicht immer sind unsere Beispielgeschichten so persönlich. Hier geht es darum, dass ich ehrlich zu mir selbst bin. Wenn ich etwas absurd finde und nicht verstehe, dann muss ich nicht so tun als wenn alles klar wäre und das in der Bibel nun mal so ist. Wenn ich aber berührt bin von dem was ich da höre/lese und erzählen will, dann wird das meine Geschichte und die Weise wie ich sie erzähle verändern. Zweifel, Überzeugung, Vertrauen, Überraschung, Dankbarkeit oder einfach nur irgendwelche Assoziationen können mir helfen, die Geschichte so zu erzählen, dass sie lebendig wird.

2.5.4 Wo spielt die Geschichte für meine Zuhörer eine Rolle?

Nun frage ich mich, wo die Geschichte in der Lebenswelt meiner Zuhörer eine Rolle spielt.

→ Welchem Druck sind meine Zuhörer ausgesetzt?
→ Welche Sehnsüchte schlummern in ihnen?
→ Welche Realität erleben sie täglich?
→ Was verstehen Kinder, wenn ich von einem Vater erzähle?
→ Was muss man tun, um sich angenommen und geliebt zu fühlen?
→ Womit verplempern die Zuhörer ihre Zeit?
→ In welche Situation kann die Geschichte sprechen?
→ Mit welcher Person der Geschichte werden sich die Zuhörer identifizieren?
→ Was würden sie tun?

Diese Fragen können endlos sein. Auf diese Weise gewinnt die Geschichte aber so viel Leben, das sie nun erzählt werden kann!

Erlebnismoment zur Aneignung einer Geschichte

Fürs erste haben wir in der Theorie genug über alles nachgedacht. Es wird Zeit, all das in der Praxis einmal auszuprobieren und im weiteren Verlauf das Thema etwas praktischer zu erarbeiten.
Dazu habe ich eine Bibelstelle ausgesucht, die nicht ganz so bekannt ist, aber dennoch grundsätzlich nicht unbekannt erscheint. Die Geschichte ist sehr kurz, beinhaltet aber viele Nebeninformationen.
Probieren Sie alles bisher Gelernte einmal an dieser Geschichte aus. Erst, wenn Sie alles gesammelt haben, blättern Sie weiter.
Für den, der sich in diesem Fall wenigstens etwas Vorarbeit ersparen will, gibt es eine Liste mit relevanten Bibelstellen. Wenn Sie es erst einmal ganz alleine versuchen möchten, können Sie diese einfach zuhalten.

Johannes 1,40-42

40 Einer von den Zweien, die Johannes gehört hatten und
Jesus nachgefolgt waren, war Andreas, der Bruder des Simon
Petrus. **41** Der findet zuerst seinen Bruder Simon und spricht
zu ihm: Wir haben den Messias gefunden, das heißt über-
setzt: der Gesalbte. **42** Und er führte ihn zu Jesus. Als Jesus
ihn sah, sprach er: Du bist Simon, der Sohn des Johannes;
du sollst Kephas (Petrus) heißen, das heißt übersetzt: Fels.

Vorgehensweise:

→ Text richtig lesen
→ Innerbiblische Informationen sammeln
→ Sekundärquellen (Lexika, Internet)
→ Alles ordnen:
- Personen: Mk. 1,6 / Mk. 1,16 / Mt. 26,21-23 / Lk. 5,7 / Mk. 1,30 / Mk. 1,29 / Mk. 14,70 / Mt. 3,1-2 / Lk. 1,36 / Lk. 5,5 / Joh. 1,35-40 / Lk. 1,80 / Joh. 10,30 / Joh.3,16 / 1.Sam. 16,7 / Wikipedia: Christusbekenner
- Ort: Bibellexikon / Wikipedia: See Genezareth / Karte: Israel zur Zeit des NT / Mt. 3,1 / Mk. 14,70 / Menschen dort: Lk. 5,5 / Joh. 18,10
- Zeit: Lk. 2 / Lk. 3,2
- Ereignis: Joh. 1,40-43
- Kern:

→ Einen Zettel mit Fragen
→ Geschichte damals und heute und Reflexion über mich und die Zuhörer

Mögliche Lösung:
Diese Nebeninformationen erheben nicht den Anspruch auf Vollständigkeit. Für die Erarbeitung habe ich etwa eine Stunde Zeit gebraucht. Sicherlich sind Ihnen bei Ihrer Recherche noch andere Dinge ins Auge gefallen oder Sie haben andere Rückschlüsse aus den Bibelstellen gezogen. Das ist völlig normal und auch nicht weiter schlimm. Wichtig ist, dass unser Regal nun mit den Zutaten aufgefüllt ist und wir anfangen können, sie zu einer Geschichte zusammenzumischen. Vielleicht brauchen wir auch nicht alle dieser Informationen oder uns fällt später auf, dass uns noch etwas fehlt. Aber irgendwann müssen wir einmal anfangen. Die Informationsquellen bleiben ja in erreichbarer Nähe.
Gleichen Sie nun Ihre Ergebnisse mit meinen ab und lesen Sie weiter, wie die Geschichte in unterschiedlichen Formen umgesetzt werden könnte. Die ganze Geschichte können Sie beispielhaft in Kapitel 4 nachlesen.

Möglicher POZEK

Personen:

→ Simon
- Fischer, zwei Boote, (Mk. 1,16, LK. 5,7)
- Trägt das Herz auf der Zunge / Anführer (Wikipedia: Christusbekenner)
- Verheiratet (Mk.1, 30)
- Bruder und Arbeitspartner von Andreas (Mk. 1,16)
- Eigenes Haus (Mk. 1, 29f)
- Ein Malocher (Lk. 5,5)
- Spricht mit Akzent (Mk. 14,70)

→ **Andreas**
- Simons Bruder (Haupttext)
- Fischer / fischt zusammen mit Simon (Mk. 1,16)
- Jünger von Johannes (Joh. 1,35-40)

→ **Johannes der Täufer**
- Verwandter von Jesus (Lk. 1,36)
- Soll Jesus ankündigen!
- Prediger, Ankündigung Jesu, Buße, Umkehr (Mt. 3,1-2, Mk. 1,4)
- Predigt in der Wüste (Mt. 3,1)
- Trägt einen Lendenschurz aus Kamelfell (Mk. 1,6)
- Schneidet sich die Haare und den Bart nicht
- Ist in der Wüste aufgewachsen (Lk. 1,80)

→ **Jesus**
- Ist Gottes Sohn und eins mit dem Vater (Joh. 10,30)
- Liebt die Menschen so sehr, dass er sein Leben für sie gibt (Joh. 3,16)
- Kennt das Innere der Menschen. Vergleiche Judas. (1.Sam. 16,7, Mt. 26,21-23)

Ort:

→ Galiläa / See Genezareth
→ geografisch von Israel abgeschnitten (Karte, erste Seite Lutherbibel)
→ fruchtbarer Boden (Bibellexikon)
→ verpönt, dort leben Bauern und raue Burschen (Lk. 5,5, Joh. 18,10)
→ See Genezareth: Fischreichtum (Wikipedia: See Genezareth)
→ oft Römer dort, da der See an einer Römerstraße lag (Wikipedia: See Genezareth)

→ landschaftlich wunderschön
→ See ist eine Art Oase im sonst oft kargen Galiläa (Bibellexikon)
→ beliebtes Erholungsgebiet in der Antike (Wikipedia: See Genezareth)
→ Johannes predigt in der Wüste am Jordan (Mt. 3,1)
→ Menschen sprechen mit Akzent (Mk. 14,70)

Zeit:
→ besetzt von den Römern (Lk. 2)
→ Land in drei geteilt (Karte NT)
→ Hannas und Kaiphas waren Hohepriester (Lk. 3,2)

Ereignis:
→ Andreas bringt Simon zu Jesus
→ Jesus kennt Simons Namen und nennt ihn Petrus

Kern:
→ Jesus kennt dich wie du wirklich bist

Fragen und Gedanken:
→ Wie können Andreas und Simon zusammen fischen, wenn Andreas Jünger von Johannes ist?
→ Warum war Simon nicht mit bei Johannes?
→ Warum ist Simon doch mitgekommen?
→ Was bedeutet es, wenn Jesus meinen Namen kennt?
→ Was bedeutet der neue Name für Simon?
→ Simon hatte bestimmt keinen Bock auf Jesus!

Mögliche Reflexion (allgemein gehalten)
Der Name sagt etwas über eine Person aus. Wenn jemand einen neuen Namen bekommt oder einen Spitznamen, sagt das etwas über die Person selbst aus, aber auch über

die Beziehung zu dieser Person, wie z. B. Kosenamen bei Verliebten.

Mein eigentlicher Name passt nicht so richtig zu mir und mich nennt auch fast niemand so. Ich hasse es, wenn mich jemand Bärchen nennt. Welche Namen fände ich eigentlich für mich gut?

Viele Christen sind ein bisschen wie Andreas. An allem vorbei, was sich normal und sinnvoll anhört, sind sie auf der Suche nach Gott. Mit ihrem Enthusiasmus machen sie sich manchmal lächerlich. Aber sie machen dennoch neugierig.
Anderen geht es wie Simon. Sie stehen mitten im Leben und müssen stark sein. Ihre Welt ist nicht himmlisch, auch wenn sie sich das wünschen würden. Sie verstecken sich hinter ihrer Stärke und versuchen ihre Schwachheit zu verbergen!

KAPITEL 3 AUFBAU EINER GESCHICHTE

Nachdem wir nun viele Informationen über eine Geschichte gesammelt haben, gibt es etwa ebenso viele Möglichkeiten, diese zu verwerten und in eine Erzählung zu formen. In diesem Teil des Buches soll es darum gehen, wie und aus welchen Perspektiven wir eine Geschichte erzählen können.

3.1 Grundsätzliche Erzählformen und ihre Besonderheiten

3.1.1 Erzählerperspektive

Die meistverwendete Perspektive ist die eines Erzählers, also einer unbeteiligten Person, die das Geschehen betrachtet und wiedergibt. Diese Form wird in weit über 90% aller Fälle verwendet. Dabei können allerdings verschiedene Akzente gesetzt werden, die die Geschichte in unterschiedlichem Licht erscheinen lassen. So kann eine Person besonders in den Fokus der Erzählung genommen werden. Für den Zuhörer fühlt es sich so an, als würde aus der Perspektive dieser Person (oder auch eines Tieres oder Gegenstandes) die Geschichte erzählt werden. In Wirklichkeit erzählt aber ein Erzähler: „Simon ging am Strand spazieren. Der Sand knirschte bei jedem Schritt unter seinen Füßen.“

Es wird von Simon erzählt, nicht etwa als Simon, auch wenn sich das recht schnell so anfühlen kann.

3.1.2 Zeitformen

Der Erzähler neigt dazu, etwas in der Vergangenheit zu erzählen, schließlich ist es ja bereits passiert. So erzählen wir im Regelfall alles, was wir erlebt haben, und wollen das auch auf die biblische Geschichte anwenden.
Allerdings neigen wir dazu, in spannenden Stellen in die Gegenwart zu wechseln: „Simon *ging* am Strand spazieren, plötzlich *sieht* er eine große Welle." Um so etwas zu vermeiden, sollten wir versuchen, die ganze Geschichte in die Gegenwart zu befördern. Das hat den Vorteil, dass sie von Beginn an in der Zeit erzählt ist, die wir als spannender empfinden. Der Satz hieße dann: „Simon geht am Strand spazieren. Bei jedem Schritt knirscht der Sand unter seinen Füßen."
Das mag nach einer Kleinigkeit aussehen, aber der Effekt, auf die gesamte Geschichte gesehen, ist enorm.

3.1.3 Direkte und Indirekte Rede

Die Erzählerperspektive lässt es zu, sich an einzelnen Stellen in die Geschichte einzuklinken und der Geschichte Leben zu verleihen. Nur die Sicht des Erzählers zu sehen, macht die Geschichte meist recht indirekt und unbeteiligt. Das ist auch die Position, die der Erzähler bekleidet. Will ich als Erzähler in eine Person eintauchen und an meiner Rolle festhalten, dann sieht das so aus:

→ Vergangenheit: Simon fragte sich, ob seine Frau wohl schon etwas gekocht habe.
→ Gegenwart: Simon fragt sich, ob seine Frau wohl schon etwas gekocht hat.

Es ist aber möglich, bei der grundsätzlichen Erzählerform zu bleiben und dennoch eine direkte Rede zu formulieren, also aktiv zu werden. Zunächst gehe ich dabei wie gehabt aus der Erzählerperspektive in die Person:
→ Vergangenheit: Simon fragte sich: „Ob meine Frau wohl schon etwas gekocht hat?"
→ Gegenwart: Simon fragt sich: „Ob meine Frau wohl schon etwas gekocht hat?"
Die direkte Rede ist automatisch in der Gegenwart geschrieben. Ein Grund mehr, diese Zeitform stringent zu verwenden.

3.1.4 Ich-Perspektive

Die Ich-Perspektive ist die Königsklasse der Erzählkunst. Meist schafft man es nicht, sie bis zum Ende durchzuhalten oder muss sie durch einen Erzähler vorbereiten. Als Erzähler muss ich voll und ganz in meine Rolle eintauchen. Alle Informationen müssen aus meiner Perspektive eingebracht werden. Das heißt, dass ich sie in der Gegenwart dem Zuhörer erkläre oder in der Vergangenheit mir jemand diese Informationen zugespielt hat und ich von diesem Gespräch (oder dieser Begebenheit) berichte. Die Gegenwartsform ist eigentlich nichts anderes als ein Theaterstück. Ich kann nicht sagen: „Ich schreie!" Sondern ich muss schreien, um dies rüberzubringen. In der Vergangenheit ist dies wieder etwas leichter, denn hier neh-

me ich eine Art Erzählerperspektive meiner eigenen Geschichte ein. Allerdings, und das ist meist der Knackpunkt, kann ich nicht in andere Rollen oder Informationsquellen springen. Ich bin auf meine Rolle, meine Sichtweise, meine Informationen und auch auf meine Gefühle beschränkt. Alles andere kann ich vermuten oder drüber nachdenken, aber nicht wissen.
Wer diese Erzählform beherrscht, hat die Möglichkeit, seine Zuhörer noch tiefer mit in die Rolle zu nehmen. Ein Mehrfaches an Vorbereitung ist allerdings notwendig.
Die Erzählerperspektive ist meist nicht nur einfacher, sondern eröffnet gerade dann, wenn es um mehrere Personen geht, auch mehr Möglichkeiten.

3.2 Der Einstieg

Hier geht es darum, den Zuhörer aus seiner Welt abzuholen und ihn mit in die Geschichte zu nehmen. Dafür stehen uns eine Vielzahl von ganz unterschiedlichen Möglichkeiten zur Verfügung. Für alle gelten aber dieselben Grundsätze:

→ relativ kurz
→ soll Neugier und Interesse wecken
→ Hinführung zum Thema
→ der Einstieg sollte eine „Brücke“ von der Erlebniswelt des Zuhörers zum Thema der Geschichte bilden

Ich werde im Folgenden verschiedene Möglichkeiten vorstellen und Beispiele geben. Sie können ja einmal überlegen, wie diese Möglichkeit bei unserer Geschichte „Vom Simon zum Petrus“ aussehen könnte.

3.2.1 Vom Kontext her

- → eine kurze Begebenheit vor der eigentlichen Erzählung erzählen
- → dies kann durch eine Wiederholung in unterschiedlicher Form sein: Quiz, Bild, Gegenstand
- → Achtung: keine zwei Geschichten erzählen

Beispiel: „Jesus auf dem See"

„Jesus hatte 5000 Menschen zu Essen gegeben. Sie wollten ihn zu ihrem König machen. Aber Jesus ging weg vom See, um zu beten."

Beispiel: „Vom Simon zum Petrus"

3.2.2 Direkter Einstieg

→ direkt mit der Geschichte beginnen
→ es sollte sofort ein interessanter Satz kommen
→ möglichst nicht gleich alle wichtigen Personen und Haupthandlungen nennen

Beispiel: „Zachäus"
„So viel Geld an einem Tag. Na, das hat sich ja mal wieder gelohnt!"

Beispiel: „Tochter des Jairus"
„Es sah sehr schlimm aus. Von Stunde zu Stunde sank die Hoffnung. Eigentlich gab es keine Rettung mehr."

Beispiel: „Vom Simon zum Petrus"

3.2.3 Rückblende

→ an einer spannenden Stelle innerhalb der Geschichte beginnen und dann wieder auf den Beginn zurückblenden
→ Achtung: Nicht den Höhepunkt vorwegnehmen!
→ nicht geeignet für Vorschulkinder

Beispiel: „Zachäus"

„Er konnte es noch gar nicht fassen. Er sollte doch tatsächlich heute Besuch bekommen und dabei wollte doch sonst nie jemand zu ihm kommen. Na ja, er war eben ein Betrüger, die Leute hatten ja recht."

Beispiel: „Vom Simon zum Petrus"

3.2.4 Frage

→ entweder zum Zielgedanken der Geschichte oder zum Geschehen in der Geschichte
→ die Frage sollte die Erlebniswelt der Zuhörer mit der Geschichte in Verbindung bringen
→ Wichtig: keine Ja-Nein-Fragen oder mit den klassischen Antworten wie Jesus, Gott, usw.
→ Fragen, zu denen echte Antworten erwartet werden können und auf die dann eingegangen werden kann

Beispiel: „Sturmstillung"
„Wer von euch hat schon einmal im Dunkeln ein Gewitter erlebt? Wie ging es euch da?"

Beispiel: „Vom Simon zum Petrus"

3.2.5 Beispielgeschichte

→ ein Erlebnis aus der Gegenwart / aus dem Alltag
→ dieses Erlebnis muss die biblische Wahrheit treffen oder eine klare Überleitung zur Geschichte bieten

Beispiel: „Verlorenes Schaf"
→ Schlüssel verloren und wie wild gesucht, weil ich ihn finden muss. Er ist echt wichtig für mich.
→ Ich muss das Schaf unbedingt finden. Es ist ganz wichtig …

Beispiel: „Vom Simon zum Petrus"

3.2.6 Behauptung

→ für ältere Kinder und Erwachsene geeignet
→ die Zuhörer werden herausgefordert, gleich mitzudenken

Beispiel: „Sturmstillung"

„Jesus lässt seine Freunde allein." Später wird diese Aussage widerlegt, durch das Wort NIE:
„Jesus lässt seine Freunde NIE allein."

Beispiel: „Vom Simon zum Petrus"

3.2.7 Weitere Möglichkeiten

- → Szene
- → Anspiel
- → Handpuppen (Erlebnis aus der Welt der Kinder)
- → Gegenstandslektion
- → eigene Ideen

3.3 Der Hauptteil

Der Hauptteil der Geschichte nimmt den größten Raum ein. Hier können alle Informationen eingebaut werden, die mir zur Verfügung stehen. Es sollte darauf geachtet werden, dass ein logischer und chronologischer Aufbau stattfindet, gerade wenn Personen, Szenen oder Schauplätze beschrieben werden. Die Zuhörer müssen immer den Zusammenhang erkennen und nachvollziehen können. Man könnte sagen, dass die Ereignisse wie Perlen auf einer Schnur aneinandergereiht werden. Die Kernaussage wird im Hauptteil vorbereitet, Emotionen und Vorinformationen, die benötigt werden, um später den Kerngedanken zu erfassen, werden hier gelegt. Erzählerisch führt der Handlungsverlauf zum Höhepunkt, zum Spannungsgipfel. Es sollte also darauf geachtet werden, dass es eine Spannungssteigerung im Handlungsverlauf des Hauptteiles gibt.

Der Höhepunkt ist die Stelle der Geschichte, wo die Anspannung am größten ist. Es ist der Moment, der hinterher in den Köpfen bleiben sollte. Eine Geschichte ohne Höhepunkt gibt es nicht. Es kann aber passieren, dass die Geschichte sehr flach wirkt. Daher ist es wichtig, sich konkret auf den Höhepunkt vorzubereiten und diesen

Moment bewusst zu gestalten:

→ Die Spannung innerhalb der Geschichte wird aufgelöst, auch Muskelentspannung tritt ein (wenn das nicht erfolgt, halten das gerade Kinder nicht aus und bauen das durch Stören nach außen hin ab!)
→ Konflikte und Probleme werden gelöst
→ Neugierde wird gestillt
→ Unklarheiten werden genommen, Rätselhaftes klärt sich auf
→ Befürchtungen werden genommen
→ Der Held gewinnt (gilt bei biblischen Geschichten nur bedingt)
→ Der Höhepunkt wird kurz vor Ende der Geschichte geplant
→ Alle wichtigen Aussagen sollten vor dem Höhepunkt eingeplant werden, denn danach lässt die Konzentration sehr stark nach
→ Höhepunkt sehr gut vorbereiten, in der Geschichte notieren
→ Höhepunkt sollte mit dem Leitgedanken verbunden sein

3.4 Der Schluss

Der Schluss ist der Teil, der die meiste Aufmerksamkeit bekommen sollte, jedoch in der Realität meist etwas stiefmütterlich behandelt wird. In diesem Teil kann die Frage stecken, die der Zuhörer mit nach Hause nimmt. Diese Frage kann mit der Geschichte zu tun haben aber auch heißen: „Warum sagt der alles zweimal?“ Oder „Warum hab ich denn was anderes verstanden als der Erzähler?“ Es liegt also an uns, die Geschichte bis zum Ende mit vollem Einsatz zu erzählen. Wichtige Informationen sollten nicht in den Schluss genommen werden. Der Schluss ist mehr wie ein Fazit zu betrachten. Hier wird wiederholt, zusammengefasst und ein Ergebnis präsentiert. Dabei muss dem Zuhörer die Möglichkeit gelassen werden, dasselbe auch zu tun. Folgende Regeln gelten für den Schluss:

→ er sollte kurz sein
→ folgt unmittelbar auf den Höhepunkt
→ in wenigen Sätzen die Geschichte ganz bewusst abschließen, nicht einfach nur beenden
→ keine neuen Aspekte und Inhalte mehr einbauen
→ eine erneute Ermutigung kann weitergegeben werden
→ Schluss gut formulieren, damit nicht durch unüberlegte Sätze die Geschichte am Ende noch zerstört wird

KAPITEL 4
BEISPIELGESCHICHTE SIMON LERNT JESUS KENNEN (JOH. 1,40-42)

Die grau hinterlegten Zeilen erzählen die Geschichte. In den vorgerückten Zeilen wird erklärt, warum die Geschichte so aufgebaut ist. Vieles ist reine Fiktion und eher aus den Zutaten zusammengestellt, die wir am Rande gewonnen haben.
Ich habe mich für einen Einstieg vom Kontext her entschieden. Anders als im biblischen Text starte ich bei Simon und nicht bei Andreas. Simon ist die Hauptperson und ich möchte, dass sich die Zuhörer mit ihm identifizieren. Da die eigentliche Handlung sehr kurz ist, erschließt sich die gesamte Geschichte über den Kontext.
Die Geschichte ist absichtlich eher so geschrieben, wie man spricht. Auf diese Weise ist es möglich, den Text beim Erzählen abzulesen, ohne dass er sich wie gelesen anhört (nähere Hinweise dazu finden sich in Kapitel 5.4 „Wie gestalte ich mein Manuskript"). Im Text wechseln sich verschiedene Perspektiven munter ab. Erzähler, wörtliche Rede (in Anführungszeichen) und Gedanken der Hauptfigur (kursiv gedruckt).

Es ist später Vormittag und Simon geht am Strand spazieren. Nein, er geht nicht spazieren, auch wenn es so aussieht.
Er kommt gerade von der Arbeit nach Hause.
Simon ist Fischer und der See sein Arbeitsplatz.

Er war die ganze Nacht mit seinen Kollegen unterwegs, dann die Fische auf dem Fischmarkt verkauft. Jetzt sehnt er sich nur noch nach einem kühlen Bier und danach, die Füße hoch zu legen. Der Tag hat eh keine Chance mehr ein guter zu werden.
Die ersten Touris kommen aus ihren Löchern und blockieren die Sonnenstühle mit ihren Handtüchern.
Blöde Touristen. Die gehen mir sowas von auf den Nerv. Warum müssen die da Urlaub machen, wo ich arbeite?
Wahrscheinlich machen sie da Urlaub, weil es so schön ist, da wo Simon wohnt. Zumindest geht ihm dieser Gedanke durch den Kopf, als er endlich auf der Veranda im Schaukelstuhl sitzt.
Simon wohnt am See Genezareth. In Galiläa.
Sein Haus liegt etwas oberhalb vom See am Berghang. Von hier aus hat er einen wunderbaren Ausblick. Über den See, den Strand, die Berge, die steil zum See hin abfallen … wunderschön!
Hier am See ist fast immer gutes Wetter.
Der Boden ist fruchtbar. Was man vom Rest des Landes nicht gerade behaupten kann.
Der See ist berühmt. Nicht nur bei den Touristen.
Hier gibt es den besten Fisch überhaupt.
Und Simon fängt diese Fische.
Neulich hat sogar der Kaiser in Rom Fische von ihm gekauft.
Also nicht er persönlich, aber die Römer haben welchen mitgenommen, als sie auf der Römerstraße, die am See vorbei führt, Richtung Rom gereist sind. Stolz lehnt Simon sich zurück und schaukelt ein bisschen.

Wenn dieser Teil gut vorgetragen ist, liegt nun jeder der Zuhörer in seinem eigenen Schaukelstuhl und betrachtet das Land. Jeder sieht etwas anderes, nämlich das, was seine Fantasie auf die Leinwand gemalt hat. Wahrscheinlich ist nicht eins dieser Bilder deckungsgleich mit dem, was Sie gesehen haben oder gar mit einem Foto der Landschaft, aber es ist wunderschön. Wir sind in der Geschichte angekommen.
Nun geht es darum, Simon zu beschreiben, seine Persönlichkeit etwas näher zu benennen und den Hauptstrang der Geschichte vorzubereiten. Zunächst aber soll der Zuhörer noch etwas mehr Gefallen an Simon finden, damit er später in seiner Rolle Jesus begegnen kann.

Ja ja Galiläa. Seine Heimat.
Hier ist Simon unter seinesgleichen. Harte Burschen.
Angst wird hier kleingeschrieben.
In der Vergangenheit war oft Krieg.
Aber Simon und die Anderen haben vor nichts Angst.
Die Israeliten unten im Süden mögen Galiläa nicht.
Aber das stört hier niemanden.
Simon weiß sich durchzusetzen.
Er war schon als Kind der Rädelsführer, ein bisschen vorlaut aber von sich überzeugt.
So ein Kreuz. So ein Maul.
Sogar die Römer, die eigentlich das Land besetzt haben, trauen sich hier nur in großen Gruppen hin.

Diesen Teil kann man gut etwas ausschmücken. Wenn ich das tue, habe ich hier meist die Geschichte von Asterix und Obelix vor Augen. Gallier und Galiläa ist auch wirklich nicht weit voneinander entfernt.

Simon gehört nicht zu den Reichen.
Aber es reicht zum Leben.
Er hat ein Haus mit Gästezimmer,
eine schöne Frau …
Okay, die nervige Schwiegermutter …
Aber die meiste Zeit ist er ja eh auf dem Wasser. Oder auf dem Markt.
Er hat ein eigenes Boot zusammen mit seinem Bruder und einen eigenen Marktstand.
Ein mittelständisches Fischfangunternehmen.
Kurzum: es geht ihm super.

Oberflächlich betrachtet geht es Simon gut. Doch dass jeder Mensch, damals wie heute, sich so seine Gedanken macht und Sorgen mit sich herumschleppt, ist uns eigentlich klar. Zumindest hoffen wir das, denn dann sind wir mit unseren Problemen nicht so allein. Nun, da wir in Simons Haut stecken, wäre es interessant zu erfahren, was ihn so bewegt.

Eigentlich ist alles gut. Aber sein Bruder Andreas macht ihm Sorgen.
Immer nach der Arbeit läuft der raus in die Wüste zu Johannes.
So ein bärtiges Ungetüm.
Sieht aus wie ein Neandertaler mit Kamelfell-Pampers.

Hier ist der Lacher, der alle wieder wachrüttelt. Etwas Ungewöhnliches wird beschrieben. So in etwa würde ein Typ wie Simon Johannes beschreiben, wenn die Geschichte heute spielen würde. Insgesamt versuche ich in diesem Teil viele Bezüge zu Heute herzustellen.

So ein Typ in der Wüste der immer predigt:
„Tut Buße, das Himmelreich ist nahe herbeigekommen …"
Himmelreich??? Pah!
Der Typ hat doch keinen Peil.
Buße? Wofür denn?
Ich hab doch nichts falsch gemacht.
Wer verhält sich denn in dieser Welt wie ein A…?
Ich oder die Anderen?
Hat der sich die Welt mal angeguckt?
Die Leute lügen und betrügen.
Auf der Straße muss man Angst haben, verprügelt zu werden.
Ein Land führt Krieg gegen das nächste.
Im Untergrund gibt es Terroristen, denen egal ist, wer bei einem Anschlag stirbt.
Frauen werden von wildfremden Kerlen aufs Übelste angebaggert.
Und man kann nur hoffen, dass es dabei bleibt.
Und wenn jemand zugibt, dass ihn diese Welt kaputt macht,
dann wird er ausgelacht.
Himmelreich!!! Pah!

So oder ähnlich trifft das wohl auf die Zeit damals wie auch auf die Zeit heute zu. Wir transportieren also etwas von Damals in die heutige Zeit. Nun wird das Ganze noch verschärft, indem der Spieß umgedreht wird. Wir transportieren etwas aus der heutigen Zeit in die Geschichte. Damit soll aber nicht die Geschichte ins Lächerliche gezogen werden. Im Gegenteil, ich will sichergehen, dass die Zuhörer (in meinem Fall oft Konfirmanden) verstehen, was Simon an der Welt so aufregt. Da wir das nur erahnen können, füllen wir diese Wissenslücke mit dem, was wir kennen. Dabei ist es wichtig zu beachten, dass wir das nicht an den Stellen der Geschichte machen, welche die direkte Handlung, das „Ereignis“, betreffen.

Er kennt sich in der Schrift aus.
Er erinnert sich an den Konfi-Unterricht.
Auswendig lernen.
Sich mit den anderen treffen, die alle komisch waren.
Der Pfarrer war langweilig.
Das jährliche Konfi-Treffen verregnet.
Was hat das Leben denn wirklich Gutes zu bieten?
Der Gott, von dem alle redeten, ist anscheinend gerade anderswo beschäftigt.
Er hatte gehört, dass Gott die Menschen angeblich liebt.
Seine Eltern hatten ihm schon eingebläut, dass er Gott braucht, um im Leben voran zu kommen. Aber das Leben hat ihn gelehrt, dass es alleine besser geht.
Wenn ich mich auf Andere verlasse, dann werde ich eh nur enttäuscht.
Der einzige Mensch auf den wirklich Verlass ist, bin ich doch am Ende selbst.

Wär ja cool, wenn es anders wäre … ist es aber nicht.
Immer den Starken raushängen zu lassen geht mir ja auch auf den Keks,
aber solange verliert, wer Schwäche zeigt, solange bleibe ich stark.
Ich hab auch Gefühle und eigentlich bin ich ganz nett. Aber mit „nett“ gewinnt man leider keinen Blumentopf. Da ist mir doch lieber, wenn die Anderen Angst haben.
Er erinnert sich an den Retter, von dem er gehört hatte. Christus, Himmelreich, Fische, Krieg, Freunde, Verletzungen, Muskeln, Glück …
Ach … so viele Gedanken.
Es geht ihm nicht schlecht, aber er hat eine tiefe Sehnsucht nach mehr.

Zwischendurch in die Rolle von Simon zu schlüpfen und in wörtlicher Rede zu sprechen, ist ein weiteres Stilmittel um die Geschichte lebendig zu halten.
Nun ist die Geschichte soweit vorbereitet, dass die eigentliche Handlung beginnen kann.

Als er noch so da sitzt, kommt Andreas.
Völlig aufgeregt.
„Siiiimon, Siimon, wir haben den Messias gefunden.
Den von Gott versprochenen Retter.
Wir waren bei ihm. Du musst mitkommen.
Johannes hatte recht. Jetzt geht es los mit dem Himmelreich.

Komm ich zeig dir´s."
Andreas dreht schon wieder um, aber Simon scheint nicht so begeistert.

Dieser Teil kann sehr laut und enthusiastisch erzählt, gespielt oder sogar geschrien werden. Die Zuhörer schrecken auf, sie belächeln Andreas, aber so richtig überzeugt sind sie nicht, ihren Schaukelstuhl zu verlassen.
Jetzt beginnt ein Dialog, bei dem es darauf ankommt, beide Rollen überzeugend darzustellen. Der Zuhörer allerdings bleibt Simon, denn seine Rolle ist so gut vorbereitet, dass nur der Erzähler, der sich auf beide Rollen vorbereitet hat, auch im Stande ist, beide zu denken und zu spielen. Langsam, aber nur langsam und widerwillig lässt sich Simon überzeugen mitzugehen. Was am Ende der ausschlaggebende Punkt ist, warum er sich in Bewegung setzt, hängt von den Zuhörern und natürlich auch von Ihnen als Erzähler ab.

Wo nimmt der Kleine nach der Arbeit bloß noch die Energie her?
„Setz dich doch erst mal.
Was ist passiert? Ich versteh immer nur Messias."
„Simooon … ich will mich nicht setzen. Du musst mitkommen."

Das ganze kann sich zu einem ausgedehnten Dialog entwickeln. Haben sie einen Bruder? Oder kennen sie Geschwisterpaare? So in etwa!

„Okay, ich komm ja schon … aber ich werde nicht rennen. Wir gehen wie ganz normale Menschen."
Mal gucken, was das jetzt für ein neuer Typ da in der Wüste ist. Als hätte uns der Zottel-Johannes nicht schon gereicht. Machen die jetzt alle meinen Bruder verrückt? Na der soll sich mal warm anziehen.
„Na komm, lass gehen!"

Im letzten Teil wechselt Simon zwischen dem Gespräch mit seinem Bruder und einem Selbstgespräch, in dem sich seine Bereitschaft zu gehen aufbaut, hin und her. Simon bleibt seiner Persönlichkeit treu, folgt aber dennoch seiner Neugierde. Allerdings ohne dies preiszugeben.
Mit dieser Haltung begegnet er nun Jesus. Auch der Zuhörer kann versteckt in Simons Rolle nun Jesus begegnen. Neugierig, aber doch geschützt. Simon ist bereit sich zu wehren. Einlullen lässt er sich nicht und das lässt sich der Zuhörer auch nicht.

Er kommt mit zu diesem Typen.
Ein völlig normaler Kerl.
Simon baut sich etwas auf. Sein breites Kreuz macht schon Eindruck.
Das ist also der Kerl, der hier so für Trouble sorgt?
Simon mustert den Mann von oben bis unten.
Er denkt: *mal gucken, was an dem so besonders ist.*
Keiner sagt ein Wort.
Irgendwas ist komisch an dem Mann.
Irgendwie anders.

Da ist dieser Blick.
Jesus, so heißt der Mann, guckt Simon an.

Ich unterbreche nur ungern. Hier befinden wir uns auf dem Weg zum Höhepunkt. Die Zuhörer sind so still wie die beiden, die sich angucken. Jetzt ist es auch dem Letzten klar, dass Simon Jesus begegnet. Alle wollen wissen was passiert. Diese Spannung kann nur für wenige Minuten gehalten werden. Wenn der Spannungsbogen abreißt, muss auch die Geschichte schnell enden.
Mit diesem Punkt muss man ein bisschen spielen lernen. Ihn so lange wie möglich halten und bis zum Höhepunkt aufbauen, ihn aber nicht überreizen, denn sonst war der gesamte Aufbau für die Katz.
Die Aufmerksamkeit ist bei der Handlung. Ein kleiner Witz wird hier nicht viele Lacher hervorrufen, lockert aber noch einmal auf für die letzten Minuten.

Simon denkt: *Was guckt der so? Hab ich nen Pickel?*
Aber Jesus guckt nicht argwöhnisch.
Eher liebevoll.
Simon denkt: *So guckt sonst nur meine Frau.*
Er ist verwirrt, interessiert und irritiert gleichzeitig.
Eigentlich wollte er dem Kerl mal so richtig die Meinung geigen.
Aber dieser Blick.
Jesus sagt: „Du bist Simon."
Was? Woher weiß der das?
„Ich kenne dich, du bist ein guter Kerl."
Er reicht ihm die Hand entgegen und sagt:

„Ich weiß, dass ich mich auf dich verlassen kann.
Ich weiß auch, dass du dich oft verstellst.
Aber eigentlich bist du gar nicht so.
Ich mag dich.
Ich möchte gern dein Freund sein."
Simon denkt: *Wooow!*
Der weiß wie ich bin und mag mich trotzdem?!
Und dann schießen ihm in Windeseile tausend unterschiedliche Gedanken durch den Kopf und vereinen sich wieder zu einem einzigen:
Wenn der mich sowieso kennt, dann kann ich einfach mal echt sein,
so wie ich eigentlich bin.
Das ist doch genau das, wonach ich mich immer gesehnt hab.
Die ganze Welt um mich herum kann sich total verändern.
Wie mechanisch bewegt sich seine Hand und legt sich in die von Jesus.
„Ja, das will ich auch."
Jesus sagt: „Ich will, dass du mein Freund bist.
Ich nenn dich Petrus, ja?
Von jetzt an sollst du Petrus heißen!
Das heißt Fels.
Weil ich weiß, dass ich mich auf dich so fest verlassen kann wie auf einen Fels."
Und Simon Petrus weiß genau:
Jetzt wird alles anders.
Ich krieg einen neuen Namen.
Hier ist jemand der mich kennt.
Ich kann von vorne anfangen.
An diesem Tag wird alles neu.

Ich geb dem Tag eine neue Chance.
Mein Leben bekommt eine neue Chance.

Der Höhepunkt soll an der Stelle sein, wo Simon die Hand von Jesus ergreift. Die Beiden sind Freunde geworden. Jetzt muss die Geschichte zu einem schnellen Ende gebracht werden. Dafür stehen im besten Falle bei Erwachsenen drei Minuten Konzentrationsfähigkeit zur Verfügung. Bei Kindern oft nahezu gar keine Zeit.
Alle Versuche, die Geschichte nun zu erklären, werden von Lärm, Gerede, Geräkel und Kindern, die aufs Klo wollen, unterbrochen. Aber warum die Geschichte erklären, wenn sie doch jeder gerade am eigenen Leibe (mit allen Sinnen) erlebt hat?
Eine gute Möglichkeit, um das Ende der Geschichte zu gestalten, ist es, die Hand, die Jesus ausstreckt, selbst auszustrecken. Wenn Simon dann die Hand ergreift, kann diese Hand bis zum Ende ausgestreckt bleiben. Als Schlusssatz kann dann in einem Satz zu den Zuhörern direkt gesprochen werden:

Jesus streckt auch dir seine Hand entgegen.
Egal wer du bist.

KAPITEL 5
METHODEN FÜR DIE PRAXIS

Im Folgenden stelle ich Ihnen Methoden und Hilfsmittel vor, die die Geschichte, die Sie erzählen möchten, unterstützen sollen. Dies können visuelle Hilfsmittel oder Stilmittel sein, die das Erzählen erleichtern. Diese Hilfsmittel werden gerne benutzt, da ein zusätzlicher Reiz im Kopf des Zuhörers (vor allem bei Kindern und Jugendlichen) ausgelöst wird. So wird die Aufmerksamkeit gesteigert. Allerdings hat dies auch einen Haken. Der visuelle Reiz schmälert die Möglichkeiten der Fantasie. Ich sollte von Geschichte zu Geschichte und von Zuhörer zu Zuhörer entscheiden, ob es gut ist, einen zusätzlichen Reiz zu bekommen oder ob dieser eher eine Einschränkung wäre. Wenn ich mich für solche Hilfsmittel entscheide, dann sollte ich des Weiteren überlegen, welches Hilfsmittel zur Geschichte aber vor allem auch zu mir selbst passt und dieses dann gut einstudieren, damit die Erzählung nicht durch das Hilfsmittel beeinträchtigt wird.

5.1 Zusätzliche Hilfsmittel

Es gibt eine unendlich scheinende Flut an Möglichkeiten, die den Rahmen dieses Buches sprengen würde. Daher stelle ich Ihnen nur eine Liste mit Möglichkeiten vor, die nach Belieben weiter ergänzt werden kann.

→ Handpuppen: Wenn man sie beherrscht, sind sie Entertainment pur für Groß und Klein. Gute Workshops zu Bibelgeschichten mit Puppenspielen finden Sie unter www.radieschenfieber.de

- → Fußspuren: Fußabdruck ausschneiden und die Geschichte damit nacherzählen. Fußspuren eignen sich besonders für Geschichten, die Wege / Ortswechsel enthalten.
- → Zollstock: Die Geschichte wird mit einigen Zollstöcken nachgespielt, dazu werden Figuren und Gegenstände aus dem Zollstock gefaltet. Es könnte auch jedes Kind einen bekommen.
- → Fotos: Die Szenen der Geschichte werden in Fotos dargestellt. Ähnlich wie bei einer Foto-Love-Story.
- → Malen / Action painting: Parallel zur Geschichte entsteht ein Bild, das der Erzähler malt und das entweder die ganze Geschichte oder aber Stimmungen wiedergibt.
- → Impro-Theater: Die Zuhörer werden zu Schauspielern. Der Erzähler erzählt die Geschichte ohne Dialoge. Diese werden spontan von den Schauspielern gespielt. Die Schwierigkeit besteht darin, die Geschichte immer wieder auf die richtige Handlung zurückzubringen.
- → Sprechrollen: Wie Impro-Theater, aber jeder bekommt eine Rolle mit einem Satz.
- → Interaktiv-Geschichte: Teile der Geschichte werden durch die Zuhörer im Vorfeld eingeübt. Es könnten Tanzeinlagen, Pantomimen, Akrobatik, Theater oder Musikstücke vorbereitet werden.
- → Alternativer Verlauf: Die Zuhörer können sich entscheiden, wie die Geschichte weitergehen soll. Dies geht natürlich nur bei Nebenhandlungen und muss am Ende wieder in die richtige Geschichte münden.
- → Soundtrack: Eine Liste mit Wörtern, die in der Geschichte vorkommen, wird im Vorfeld mit den Stimmen

der Zuhörer vertont. Kommt das Wort in der Geschichte vor, machen sie den Sound dazu.

→ In Neuzeit: Eine Geschichte wird in die Neuzeit übertragen, so wie die Verfilmung von Romeo und Julia mit Leonardo DiCaprio. Beispiel: „Um 5000 Mann satt zu bekommen braucht man doch mindestens fünf LKWs!"
→ Gedicht: Die Handlung wird in Reim-Form erzählt oder die Zuhörer müssen sie in Reimen wiedergeben.

5.2 Freies Erzählen

Wenn Sie von den Erlebnissen in Ihrem Urlaub erzählen, dann empfinden Sie vor Ihrem inneren Auge alles noch einmal nach und erzählen das, was Sie in Ihrem Kopf sehen. Dabei passiert es nicht selten, dass die Geschichten größer und spektakulärer erzählt werden, als sie sich in Wirklichkeit zugetragen haben. Haben Sie die Geschichte mehrmals erzählt, schwindet auch die Differenzierung zwischen Fiktion und Wirklichkeit mit der Zeit. Übrig bleibt eine Geschichte, die zwar einer Mischung aus beiden entspricht, die aber zu der einzigen real erlebten Geschichte wird. Diese Geschichte können Sie in Ihrem Kopf wie von einer Festplatte abrufen und wiedergeben.
Dasselbe kann und muss mit jeder anderen Geschichte passieren, die ich frei erzählen möchte. Das Gehirn wird mit Informationen gefüttert, dann entstehen Bilder zunächst auf der Leinwand Ihrer eigenen Fantasie. Je öfter Sie die Fakten bedenken, umso mehr Bilder entstehen. Die Bilder bekommen Farben, die Blüten auf den Bildern Gerüche, die Handlungen bekommen Geräusche, so als wenn Sie einen Film nachvertonen, Sie beginnen zu spü-

ren, was die Menschen empfinden, die das erleben. Viele Erfahrungen aus völlig anderen Geschichten und Ereignissen, die Sie real erlebt haben, ersetzen die Wissenslücken und am Ende entsteht eine Geschichte auf der Leinwand Ihrer Fantasie, die wie eine reale Geschichte erscheint. Diese können Sie in Ihrem Kopf wie von einer Festplatte abrufen und wiedergeben.
Stellen Sie sich auf die Bühne und erzählen Sie einfach, was Sie sehen. Wenn Sie gut vorbereitet sind, werden Sie die Geschichte mit allen Sinnen erleben können.

Erlebnismoment: Fantasiereise

Eine gute Übung, um die Wahrnehmung zu schulen, kann es sein, mit geschlossenen Augen durch den Wald zu laufen. Beschreiben Sie was Sie hören, riechen, fühlen, schmecken. Stellen Sie sich vor, wie der Baum aussieht, der sich im Wind biegt, den Sie gerade spüren und hören. Trainieren Sie Ihre Wortfindung. Gehen Sie nach und nach dazu über, sich die Dinge wie auf einer Fantasiereise nur vorzustellen und finden Sie Worte dafür. Reden Sie laut, wenn Sie Ihre Fantasie beschreiben. Das müssen keine langen Übungen sein. Nutzen Sie die fünf Minuten, die Sie alleine auf den Bus warten, und stellen Sie sich die Autos vor, die vorbei fahren. Beschreiben Sie mal Jesus oder Petrus. Sie werden bald frei Geschichten erzählen und überrascht sein, zu was Ihre Fantasie alles fähig ist.

5.3 Geschichten aufschreiben

Um eine Geschichte aufschreiben zu können, muss sie ebenfalls zunächst auf der Leinwand der Fantasie entstehen. Sie nun aber schriftlich zu fixieren, bietet einige entscheidende Vorteile, die gerade Anfängern das Erzählen stark erleichtern. Allerdings birgt es auch Gefahren, die man nicht außer Acht lassen darf. Wenn man sich dessen aber bewusst ist, sind diese gut beherrschbar. Ich selbst schreibe jede meiner Geschichten wortwörtlich in mein Manuskript. Der wohl größte Vorteil ist der, dass die Gedanken gespeichert sind und die Bilder nicht jedes Mal neu aus dem Kopf abgerufen werden müssen. Mir erspart es eine Menge Kraft, wenn ich ein Manuskript als Gedankenstütze benutzen kann. Nur weil ich es aufgeschrieben habe, bin ich ja nicht verpflichtet, es wortgetreu vorzulesen, aber die Gefahr, nicht weiter zu wissen oder mich mit der Zeit zu verzetteln, wird dadurch auf einfache Weise minimiert.

Bei einem Blackout oder einem schlechten Tag bleibt die Möglichkeit, die Geschichte nahezu komplett abzulesen, ohne dass die Performance gravierend an Qualität verliert. Allein schon durch diesen Fakt werden Blackouts und Lampenfieber minimiert. Durch das Aufschreiben der Geschichte können die Worte wesentlich genauer formuliert und so ein Gestammel auf der Bühne verhindert werden. Einmal aufgeschrieben, kann das Manuskript beim Üben der Geschichte helfen, sie immer auf die gleiche Weise zu präsentieren. Der Wortlaut prägt sich schneller ein und wird flüssiger. Ein nicht zu verachtender Vorteil daran, eine Geschichte immer gleich zu erzählen, ist der, dass man im Vorhinein die Zeit stoppen kann, um so ziemlich genau vorherzubestimmen, wie lange die Geschichte dauern wird. Eventuell können noch Teile ausgeschmückt werden oder es muss gekürzt werden, damit die Konzentrationsfähigkeit der Zuhörer nicht überstrapaziert wird. Will ich einige Zeit später diese Geschichte in einem anderen Zusammenhang erneut vortragen, erleichtert mir das Manuskript das erneute Produzieren der Bilder in meiner Fantasie. Der Wortlaut ist auch nach Jahren noch vertraut und dieselben Bilder können mit wenig Aufwand erneut beschrieben werden. Je schlechter meine Aufzeichnungen sind, desto mehr Zeit wird benötigt, um die Geschichte zu rekapitulieren und erneut so vorzubereiten, dass sie präsentationsfertig ist.

Nun zu den angesprochenen Gefahren: Der Unterscheid zwischen einer freien Erzählung und einer vorgelesenen Geschichte kann enorm groß sein und birgt vor allem die Gefahr, an Leben in der Performance zu verlieren. Das hängt mit einigen unterschiedlichen Faktoren zusammen. Ein wichtiger Faktor ist der verringerte oder ganz fehlende Augenkontakt. Je mehr die Geschichte abgelesen wird, desto geringer ist logischerweise die Möglichkeit, einen guten Augenkontakt zum Zuhörer zu halten. Dies kann aber durch gutes Üben und bewusstes Aufsehen in den Griff bekommen werden. Ein weiterer Punkt ist der, dass der Erzähler eindimensionaler und statischer wirkt, wenn er sich weniger bewegen kann, um in der Nähe seines Manuskriptes zu bleiben. Hier hilft es, wenigstens einige Passagen der Geschichte auswendig oder frei erzählen zu können. In diesen Teilen kann man sich dann bewusst vom Manuskript entfernen, um die Aufmerksamkeit der Zuhörer durch die Aktion neu zu entfachen. Eine dritte und viel gravierendere Gefahr aber ist die, dass die Geschichte sich nun wie abgelesen anhört und dadurch an

Drive verliert. Das hat einen einfachen aber auch schwer zu umgehenden Grund: Wir lernen in der Schule, auf dem Arbeitsplatz und auch sonst in allen Situationen, in denen wir etwas verschriftlichen müssen, akkurat und richtig zu schreiben. Das entspricht aber nicht unserer Umgangssprache. Daher müssen wir, um Geschichten schreiben zu können, lernen, zu Schreiben wie wir sprechen. Das Gegenteil wäre: Zu Erzählen wie man schreibt. Das klingt immer schlecht. Die Schwierigkeit darin ist die, dass wir darauf gedrillt sind zu schreiben, wie man nun mal schreibt. Schreiben wir nun wie wir sprechen, dann sieht das Geschriebene falsch aus und wir fühlen uns dabei schlecht. Halten wir uns aber an die Regeln zur Verschriftlichung, klingt die Geschichte statisch und vorgelesen. Es ist also notwendig, uns noch einmal ganz neu darin zu schulen, Geschichten aufzuschreiben, da sie anderen Regeln unterliegen. Wieder können die Erzählungen unseres letzten Urlaubes als Maßstab genommen werden. So wie ich vom Urlaub erzähle, in diesem Stil muss auch das Geschichtsmanuskript verfasst werden.

Beispiel:
Nicht: Am vergangen Samstag fuhren wir gegen Mittag in Richtung Nordsee.
Sondern: Letzten Samstag sind wir an die Nordsee gefahren. Leider sind wir erst mittags losgekommen.

Im umgangssprachlichen Gebrauch wird das Präteritum, also die einfache Vergangenheit nahezu nicht verwendet, wo hingegen die Schriftform oftmals darauf zurückgreift. Auch neigen wir dazu, längere Schachtelsätze zu formulieren, wenn wir diese aufschreiben. Erzählungen dagegen enthalten eher viele kurze Hauptsätze.

Hier eine kleine Übung, die man abgewandelt in vielen Situationen wiederholen kann.
Es ist wichtig darauf zu achten, dass man lernt zu schreiben wie man spricht und so zu lesen wie man erzählt.

Erlebnismoment
zum Schreiben wie man spricht:
Schreiben Sie einmal eine Geschichte in nur zwei Zeilen.

Inhalt:
Beschreiben Sie das Überqueren einer Wiese
(ein Detail).
Am anderen Ende zurückschauen
(wieder ein Detail).

Nehmen Sie sich Zettel und Stift zur Hand und versuchen Sie es. Lesen Sie sich die Geschichte dann einmal vor und überprüfen Sie kritisch, ob Ihnen das gelungen ist. Gehen Sie zunächst wieder einmal so vor, dass die Minigeschichte in Ihrer Fantasie geschieht und schreiben Sie dann auf, was Sie sehen. Auf der nächsten Seite sind mögliche Beispiele aufgeschrieben. Lesen Sie diese aber erst, nachdem Sie die zwei Zeilen geschrieben haben.

Schreiben wie man schreibt:
Nach dem Überqueren einer hochgewachsenen Wiese schaute ich zurück und erblickte einen großen Hirsch.

Schreiben wie man spricht:
Neulich bin ich über ne Wiese mit so hohem Gras gelaufen. Am andren Ende hab ich mich umgedreht und dann hat ein riesen Hirsch aus dem Gras geguckt.

Tipp:
Diese Übung kann man sogar auf einem Bierdeckel wiederholen. Gewöhnen Sie sich an, ab und zu mal eine Zeile zu schreiben oder achten Sie einfach vermehrt darauf, an welchen Stellen sich Schreibstil und Sprachstil unterscheiden. Wenn Sie dann Geschichten aufschreiben, wird es Ihnen viel leichter fallen, diese in guter Erzählform aufzuschreiben.

5.4 Wie gestalte ich mein Manuskript

Ein Manuskript soll die Aufgaben erfüllen, mir das Erzählen zu erleichtern und mich durch den Ablauf der Geschichte führen. Daher ist es sehr wichtig, dass es übersichtlich gestaltet ist und ich mich gut zurechtfinden kann. Wie das genau aussieht, hängt also auch ein bisschen von Ihnen ab. Wie groß muss die Schrift sein, werden wichtige Stellen farbig markiert oder groß geschrieben, welcher Zeilenabstand erscheint sinnvoll und wo werden Absätze eingefügt? All das sind Fragen, die sehr geschmacksabhängig sind und für die es kein richtig oder falsch gibt. Dennoch versuche ich ein paar Tipps zu geben, die mir helfen. Um sich gut zurechtzufinden, sollten die Sätze nicht zu lang sein. Benutzt man beispielsweise ein DIN-A4 Blatt im Querformat, ist es vorprogrammiert, sich irgendwann in den Zeilen zu vertun. Ich habe mir angewöhnt, auf A4-Blättern hochkant bei einem Zeilenabstand von 1,5 Punkten jeden Sinnabschnitt bzw. Betonungsabschnitt in eine Zeile zu schreiben. Das heißt, dass ich spätestens bei einem Komma eine neue Zeile beginne. Will ich ein Wort alleine betonen dann bekommt dieses Wort auch eine eigene Zeile. So kann ich jeden Sinnabschnitt am Zeilenanfang suchen und brauche mich nicht lange mit Suchen in den Zeilen aufzuhalten. Zudem hilft es sehr dabei, keine langen Sätze aufzuschreiben. Es entstehen fast automatisch kurze Hauptsätze. Der Nachteil ist der, dass das Manuskript schnell aus zehn Seiten besteht und oft umgeblättert werden muss. Dieses Umblättern sollte man beim Üben der Geschichte gleich mit einüben. Auf einem Notenständer ist es recht leicht, denn dort kann das obere Blatt einfach nach links geschoben werden, sodass es sichtbar bleibt und das nächste schon zu sehen ist. Hat man weniger Platz für sein Manuskript, sollte man üben, das obere Blatt nach unten zu sortieren. Selbst wenn die Geschichte schlussendlich dann frei vorgetragen wird, weiß man durch das Üben ungefähr, wo in seinem Manuskript man sich gerade befindet. Auf keinen Fall sollte man die Blätter beidseitig beschreiben. Mit an Sicherheit grenzender Wahrscheinlichkeit werden Sie oder zumindest die Zuhörer durch das Umdrehen irgendwann verwirrt sein. Was Sie sich in jeden Fall angewöhnen sollten, wenn Sie mehr als zwei Seiten dabei haben, ist, diese zu nummerieren. Das erspart einem viel Verwirrung.

Was mache ich aber, wenn ich keinen Notenständer habe und dennoch ein Manuskript brauche? Hier bietet es sich an, die Geschichte auf kleinere Zettel, z. B. DIN-A5, zu schreiben, damit nicht immer ein großes Blatt meine Zuhörer stört. Außerdem ist es gar nicht so einfach, ein großes Blatt so zu halten, dass es nicht immer umknickt und nicht lesbar ist. Ich habe mir angewöhnt, in solchen Fällen das Manuskript einfach in drei Teile zu zerschneiden. Das neue Format wäre dann DIN-Lang. So muss ich nicht alles in ein ganz neues Format kopieren, das evtl. für meine Satzlänge nicht ausreichend ist. Wie auch immer Ihr Lieblingsformat aussieht, es muss mit einer Hand zu händeln sein.

Erlebnismoment zum Thema Manuskript

Mit welcher Hand halte ich eigentlich das Manuskript (die gleiche Frage stellt sich bei einem Mikrofon)? Um das herauszufinden, machen wir nun einmal eine einfache Übung. Führen Sie die nun folgenden Anweisungen parallel zum Lesen aus.

- → *Nehmen Sie eine aufrechte Sitzposition ein*
- → *Halten Sie dieses Buch mit beiden Händen fest*
- → *Wirklich mit beiden Händen!*
- → *Fassen Sie sich mit dem Zeigefinger an die Nase*
- → *Lesen Sie erst weiter, wenn Sie die Übung ausgeführt haben*

Ich gebe zu, es ist ein bisschen komisch, dass ich Ihre beiden Hände in der Übung dreifach verplant habe. Aber ich bin sicher, Sie haben die Aufgabe irgendwie lösen können. Der Zeigefinger, den Sie an die Nase gesetzt haben, gehört zu Ihrer Gestikulier-Hand (Das ist nicht unbedingt mit Rechts- und Linkshändern deckungsgleich). Ihr Manuskript halten Sie immer in der anderen Hand! Wie immer gibt es eine Ausnahme, nämlich dann, wenn Sie Manuskript und Mikrofon halten müssen. Dann, aber nur dann, darf das Manuskript in die Gestikulier-Hand.

5.5 Tipps für den Umgang mit Hindernissen:

Immer wieder gibt es Dinge, die uns daran hindern, gute Geschichten zu erzählen. Wir halten das für äußere Einflüsse, aber dennoch liegt es an uns als Erzähler, diese Hindernisse zu ignorieren oder aus dem Weg zu schaffen. Sicherlich gibt es mehr Hindernisse als die hier aufgeführten, aber dass es am Erzähler liegt damit umzugehen, gilt für sie alle.

5.5.1 Lampenfieber

Lampenfieber ist etwas völlig Normales. Es beweist, das Ihnen das, was Sie tun, wichtig ist. Dennoch ist es hinderlich. Es hilft auch nicht zu wissen, dass es mit der Zeit weniger wird, denn im Augenblick ist es ja nun einmal da. Helfen kann hier ein Witz zu Beginn oder eine kurze Umfrage: „Wer hat schon mal ein Schwein gesehen?“ Es kann auch hilfreich sein, die Zuhörer mit in Ihr Lampenfieber hineinzunehmen: „Wenn Sie so aufgeregt wären wie ich, hätten Sie sich bestimmt nicht auf die Bühne getraut.“ Wichtig ist, das Sie sich nicht entschuldigen: „Wenn ich zwischendurch mal durcheinander komme, dann verzeihen

Sie das, denn ich mach das zum ersten Mal." Damit machen Sie auch die Zuhörer unsicher und erhöhen den Druck auf sich selbst. Fehler stören selten. Entschuldigungen immer. Lernen Sie lieber den Anfang der Geschichte sehr intensiv auswendig oder lesen Sie ihn komplett ab, bis Sie sich sicher genug fühlen, freier zu erzählen.

5.5.2 Text vergessen

Passiert! Aber Sie kennen die Geschichte. Gehen Sie in sich und gucken Sie auf die große Leinwand. Sollte auch da vor Aufregung nichts zu sehen sein, dann gucken Sie auf die kleine Leinwand, Ihr Manuskript, auf dem Sie aufgeschrieben haben, was Sie beim letzten Mal gesehen haben. Eine Pause ist nicht schlimm. Sortieren Sie sich erst einmal. Trinken Sie einen Schluck. Lassen Sie Ihre Unsicherheit nicht auf die Zuhörer überspringen. Machen Sie einen Witz: „Ich hab den Faden verloren. Passen Sie auf Ihren auf, während ich meinen suche." Erzählen Sie einfach die letzten Sätze noch einmal. Sie müssen sich nicht schämen. Niemand von den Zuhören möchte tauschen. Alle sind froh, dass Sie dort stehen und nicht sie selbst.

5.5.3 Kein Feedback bekommen

In Schwaben sagt man: „Nicht gemeckert ist genug gelobt." Es ist schade, aber meistens gibt es unter den Zuhörern niemanden, der wirklich versteht, wie viel Arbeit in der Geschichte steckt. Die wenigsten kommen auf den Erzähler zu und geben ein konstruktives Feedback. Einige sagen danke und „gut erzählt", könnten aber auf

Nachfrage nicht sagen, was genau jetzt gut war. Eine Zeitlang hat mich das unsicher gemacht. Aber ich habe gelernt, das schwäbische Sprichwort ernst zu nehmen. Wenn Sie sich vorbereitet haben, dann sind Sie in dem Raum die Person, die die Geschichte am Besten erzählen kann. Deshalb wird auch nur sehr selten jemand gutes Feedback geben können. Gewöhnen Sie sich daran. Es war trotzdem gut!

5.5.4 Störer

Ein Handy klingelt, das Baby schreit, das Mädchen in der dritten Reihe schreibt eine SMS und zwei Jungs unterhalten sich. Das alles während Sie erzählen (hoffentlich nicht gleichzeitig). Sie sind abgelenkt und ärgern sich auch ein bisschen über die mangelnde Wertschätzung. Nun müssen Sie entscheiden, wie sehr und vor allem wen es stört. Wenn es nur Sie stört aber alle anderen nicht, dann hängt es davon ab, wie sehr es Sie stört. Hindert es Sie am Erzählen, dann wird Ihnen nichts anders übrig bleiben, als die Situation zu lösen. Blickkontakt aufbauen kann bei quatschenden Jungs zwar schwer sein, wenn man ihn dann aber hat, fühlen sie sich ertappt und sind ruhig. Selbst zu schweigen kann ein Mittel sein. Die Jungs müssen auch ruhig sein, um nicht aufzufallen, sie gucken nach vorne und treffen auf Ihren Blickkontakt.
Vielleicht ist es auch möglich, einen Mitarbeiter per Blickkontakt auf die Situation aufmerksam zu machen. Eine andere Möglichkeit ist es, spontan Geräusche in die Geschichte einzubauen. Das lenkt die Aufmerksamkeit wieder auf die Geschichte. Z. B.: „Jesus will gerade etwas sagen, da klingelt irgendwo ein Handy. Umständlich

kramte er seins aus der Tasche: ‚Ach nee, ist gar nicht meins. Also weiter ...'"
Nur im äußersten Notfall, wenn Sie oder andere gestört sind, dann sollten Sie die Geschichte unterbrechen, schnell das Problem abwarten oder ansprechen.
Andererseits sind quatschende Kinder und Handys auch ein Feedback. Zwar eins, das man nicht hören möchte, aber zumindest eins, das man überdenken sollte.

5.6 Die Stimme

Die Stimme ist das wichtigste Werkzeug, das dem Erzähler zur Verfügung steht. Sie transportiert die Geschichte vom Erzähler zum Zuhörer. Dabei gibt sie aber nicht nur die reine Erzählung wieder, sie betont und setzt Akzente. Sie verändert sich, wenn sich die Emotionen ändern, und schweigt, wenn sich in der Fantasie etwas aufbaut. Die Stimme gut einzusetzen ist Übungssache und muss ausprobiert werden. Wichtig aber ist, dass die Stimme gehört werden kann. Nicht jeder hat eine laute Stimme. Ständiges lautes Sprechen verhindert, gut betonen zu können. Wer nicht besonders laut sprechen kann, der sollte darauf achten, immer nahe an den Zuhörern zu stehen oder aber seine Stimme mit einem Mikrofon zu verstärken. Die Stimme muss mit Betonung und Lautstärke spielen können, um die verschiedenen Fassetten der Geschichte gut transportieren zu können. Das gesamte Setting der Geschichte kann noch so gut sein, wenn die Stimme vernachlässigt wird, wird der Inhalt daran schaden nehmen.

5.7 Nonverbale Kommunikation

Die Frage ist: „Wie wirke ich auf meinen Zuhörer?“ Dabei geht es um alles, was mein Zuhörer sieht. Wie präsentiere ich mich meinem Zuhörer und wie unterstütze ich ihn darin, mir gut zuhören zu können?
Wenn den Zuhörer etwas stört oder er mit seinen Gedanken abschweift, dann laufe ich Gefahr, ihn zu verlieren. Um dies zu vermeiden, möchte ich zu folgenden Aspekten einen kurzen Überblick schaffen.
→ Äußeres Erscheinungsbild (erster Eindruck)
→ Blickkontakt
→ Mimik
→ Auftreten
→ Gestik

5.7.1 Äußeres Erscheinungsbild

In dem Moment, in dem der Erzähler auftritt, entscheidet der Zuhörer, was er von ihm hält - zumindest trifft er eine Entscheidung darüber, ob er etwas „komisch“ findet. Nicht umsonst sagt man: „Kleider machen Leute“. Dabei will ich gar nicht so sehr darauf hinaus, dass es sich gehört, eine Krawatte und ein weißes Hemd zu tragen, sondern darauf, dass ein Erscheinungsbild nicht von dem ablenkt, was der Erzähler zu sagen hat. Trägt der Geschichtenerzähler zu einem Anzug z. B. weiße Tennissocken, dann ist dies ein Blickfang. Der Blick des Zuhörers wird immer wieder zu dem weißen Fleck, weit entfernt von den Augen, gezogen, denn das Auge ist darauf getrimmt, einen hellen Punkt zu fixieren. Also sollte das Oberteil des Redners heller sein als die Hose. So sind die

Augen des Zuhörers bereits nahe an den Augen des Erzählers und ein Blickkontakt fällt leichter.
Ein Geschichtenerzähler sollte sich stets überlegen, ob es an seinem Erscheinungsbild etwas gibt, das den Zuhörer ablenkt. Ein Spruch auf dem T-Shirt, der nur schwer zu lesen ist, oder dessen Aussage zum Nachdenken anregt, kann den Zuhörer verwirren. Ein Nadelstreifenanzug mit einem horizontal gestreiften Hemd und einer schräg gestreiften Krawatte wird den Zuhörer bestimmt über Streifen nachdenken lassen und nicht über das Gesagte.

5.7.2 Blickkontakt

Der Blickkontakt ist die wichtigste nonverbale Kommunikationsebene mit dem Zuhörer. Wird der Zuhörer angesehen, fühlt er sich auch angesprochen. Durch „ansehen" bekommt der Hörer auch „Ansehen". Er ist wichtig, er merkt, es geht um ihn. Nach ca. 40 Sekunden ohne Blickkontakt fühlt sich der Zuhörer nicht mehr direkt angesprochen und bricht seinerseits den Blickkontakt ab. Jetzt wird es doppelt schwer, den Blickkontakt wieder herzustellen. Die Augen haben demnach eine immense Wirkung, welche man nicht unterschätzen, sondern aktiv fördern sollte.
Kann der Zuhörer meine Augen sehen? Stehe ich im Licht und ist das Licht so ausgerichtet, dass meine Augen nicht im Schatten meiner Augenhöhlen liegen? Für Brillenträger ist wichtig, dass der Rahmen der Brille nicht die Augen verdeckt.
Wenn gewährleistet ist, dass jeder die Augen sehen kann, dann kommt es nun darauf an, sie auch einzusetzen. Die Hörer, die im direkten Blickfeld sitzen oder stehen (ca. 90° Blickwinkel), sind relativ leicht anzusehen. Alle, die

weiter am Rand des Blickwinkels sitzen, müssen bewusst angesehen werden, damit sie sich angesprochen fühlen. Dabei ist es nicht wichtig eine Person konkret anzusehen (das könnte als bohrender Blick empfunden werden), sondern jedem das Gefühl zu vermitteln, angesehen zu sein. Man sucht sich einen Punkt oder ein vertrautes Gesicht in der Menge, meist reicht das für den kompletten Sitzblock.
Nun ist es wichtig, eine gute Mischung aus „Blick in das Manuskript“ und „Blick zum Zuhörer“ zu finden. Am besten gönnt man sich eine Redepause während man in seinem Manuskript liest und spricht erst dann wieder, wenn wieder Blickkontakt besteht. Diese Pause wird nicht als störend empfunden, sondern vom Hörer zum Verarbeiten des Gesagten genutzt. Ohne diese Pausen kann es sogar sein, dass aller Blickkontakt und die beste Rede ihre Wirkung verfehlen.
Spricht man nur zu wenigen Menschen oder hat ein Zweiergespräch, dann ist es wichtig, immer wieder den Augenkontakt zu suchen, diesen aber nicht permanent zu halten. So wird der Zuhörer nicht eingeschüchtert.
Es bleibt zusammenfassend zu sagen, dass Reden ohne Blickkontakt sehr schnell den Adressaten verfehlt. Somit ist der Blickkontakt das wichtigste Nonverbale Hilfsmittel einer Rede.

5.7.3 Mimik

Die Mimik erzählt bereits eine Geschichte. Sie verleiht dem Wort ein Gefühl. Sie unterstreicht das Gesagte und rundet es ab. Durch eine gute Mimik wird eine Rede lebendig. Hier stehen gerade Männer in der Gefahr, sehr versteinert zu wirken. Frauen verändern ihre Mimik im

Schnitt um ein vielfaches häufiger als Männer. Daher sollten sich gerade Männer über ihren Gesichtsausdruck klar sein/werden. Eine Übungseinheit vor dem Spiegel schafft oft Veränderung.

5.7.4 Auftreten

Dem Zuhörer Sicherheit zu verleihen ist dadurch möglich, dass der Redner selbst sicher steht und geht. Wenn ich einen Standpunkt habe, dann sollte ich diesen auch beibehalten oder zumindest immer wieder zu ihm zurückkehren. Dieser Standpunkt sollte in der Mitte der Bühne sein, sodass das Gesagte in den Mittelpunkt gestellt wird. Dies ist der sichere Punkt. Von ihm aus wird Sicherheit ausgestrahlt. Wirkt der Redner unsicher, so wirkt auch das, was er sagt (und trägt er es noch so gut vor) unsicher. Wippen in alle Richtungen oder gar zurückweichen schwächt das Gesagte ab und stellt es in Frage. Diesen festen Punkt nennt man im Theater „center stage“. Verlässt man diesen Punkt, dann sollte das Verlassen ein Ziel verfolgen und man sollte sich darüber klar werden, wie man diesen Punkt verlässt und vor allem, wie man dorthin zurückkommt. Schon einmal über die Sprichwörter „jemandem die kalte Schulter zeigen“ oder „jemandem den Rücken zuwenden“ Gedanken gemacht? Wenn ich von „Kontakt“ rede und dabei einen Schritt rückwärts mache, erweckt das den Eindruck, dass ich mich vor diesem Kontakt fürchte. Gehe ich gerade auf die Zuhörer zu, bedrohe ich sie. Mache ich Schritte zur Seite, wirkt alles eindimensional wie beim Puppentheater.

Habe ich die Möglichkeit, ohne Pult zu sprechen, bleiben mir die guten Möglichkeiten, mich nach rechts vorne und

links vorne zu bewegen. So ist es möglich die Zuhörer auf der entsprechenden Seite mit einzubeziehen. Dafür reicht meist ein Schritt. Diesen Schritt kann ich rückwärts zurück zur „center stage“ gehen, ohne mich vom Publikum abzuwenden.
All diese vermeintlichen Fehler kann ich allerdings auch bewusst einsetzen, um etwas zu unterstreichen, das ich verdeutlichen will. Soll die handelnde Person unsicher wirken, gehe ich zurück oder wippe hin und her, und wenn sie eine bedrohende Haltung in der Geschichte einnimmt, gehe ich gerade auf die Zuhörer zu.
Fazit: Wer unüberlegt auftritt, erschwert dem Zuhörer, das Gesagte zu verstehen.

5.7.5 Gestik

Gut eingesetzte Gestiken können eine Geschichte verstärken und ihr Leben verleihen. Dabei dürfen Gesten ruhig groß ausgeführt werden. Der ganze Arm oder sogar der ganze Körper kann zum Einsatz kommen. Große Gesten vermitteln Sicherheit des Erzählers. Natürlich ist Übertreiben hier genauso unangebracht wie nur mit dem Zeigefinger zu gestikulieren.
Wer nicht von Natur aus gut und gerne gestikuliert, sollte sich überlegen, ob er seine Gesten zum Untermalen des Gesagten gut und mit viel Mühe einstudiert oder ob er sich einfach auf die restlichen rhetorischen Mittel konzentriert. Jeder kann Gestikulieren lernen. Aber es besteht die Gefahr, dass dies statisch und eingeübt aussieht. Dann ist es keine Hilfe, sondern ein Blickfang, der den Zuhörer stören kann.

5.8 Üben vor dem Spiegel

Es gibt keine bessere Übung, als sich die Geschichte selbst mehrfach vor dem Spiegel zu erzählen. Auf diese Weise kann ich die Geschichte in ihrem Wortlaut einstudieren und gleichzeitig sehen, was ich selbst vermittle. Knifflige Passagen kann ich mehrmals üben und gleichzeitig kann ich kontrollieren, ob es mir gelingt, ständig den Blickkontakt zu halten.
Anfangs mag das komisch erscheinen, aber der Lerneffekt ist riesig. Wenn Sie wüssten, wie viele Stunden ich meinem Spiegelbild schon Geschichten erzählt habe, würden Sie sich wundern.

5.9 Sich trauen

Und jetzt sind Sie an der Reihe. Noch nie ist ein Meister vom Himmel gefallen und wer nicht wagt, der nicht gewinnt. Übung macht den Meister und wer nicht anfängt, wird niemals fertig. Trauen Sie sich ran! Scheuen Sie sich nicht davor, Feedback zu bekommen und machen Sie es beim nächsten Mal noch besser. Wenn Sie Geschichten erzählen, dann bringen Sie Ihrem Zuhörer Wertschätzung in Reinform entgegen. Wer bekommt den heute noch Geschichten erzählt? Selbst wenn Sie den Versuch für kläglich gescheitert empfinden, bin ich mir sicher, dass es den Zuhören gefallen wird. Warum? Weil Sie Geschichten erzählen können.

Und wenn Sie noch etwas Inspiration brauchen, schauen Sie doch einmal auf **www.lauschpalast.com** oder **www.geschichtenbox.com** vorbei.